# RAPPORT

SUR LE

# SYSTÈME D'ARMEMENT

ADOPTÉ

## POUR LES EMBARCATIONS

DANS LA MARINE DES ÉTATS-UNIS.

Traduit par M. le Capitaine d'artillerie MARTIN DE BRETTES, Inspecteur
des études à l'École Polytechnique.

AVEC 11 PLANCHES

PARIS

LIBRAIRIE MILITAIRE, MARITIME & POLYTECHNIQUE

De J. CORRÉARD,

Libraire-éditeur et libraire-commissionnaire,

RUE CHRISTINE-DAUPHINE, 1, PRÈS LE PONT-NEUF,

1855

# MARINE AUX ÉTATS-UNIS

PARIS. — TYP DE H. CARION, PÈRE, RUE RICHER, 20.

Rapport

Sur le système d'armement pour les
embarcations dans la marine des états-unis.

# RAPPORT

### SUR LE

# SYSTÈME D'ARMEMENT

#### ADOPTÉ

## POUR LES EMBARCATIONS

#### DANS LA MARINE DES ÉTATS-UNIS.

Traduit par M. le Capitaine d'artillerie MARTIN DE BRETTES, Inspecteur
des études à l'École Polytechnique.

## PARIS.

LIBRAIRIE MILITAIRE, MARITIME & POLYTECHNIQUE

**De J. CORRÉARD,**

Libraire-éditeur et libraire-commissionnaire,

RUE CHRISTINE-DAUPHINE, 1, PRÈS LE PONT-NEUF.

## 1855

# TABLE DES MATIÈRES.

—————



FIN DE LA TABLE.

# INTRODUCTION.

---

Pendant la guerre avec le Mexique, les États-Unis d'Amérique sentirent la nécessité d'avoir, pour les embarcations un système d'armement, propre aux expéditions maritimes le long des côtes et aux descentes jugées nécessaires au succès d'une opération militaire. Après de longues études et de nombreuses expériences faites sous la direction des marins les plus distingués, il fut décidé que l'on adopterait les obusiers du calibre de **24** et de **12**.

Les obusiers de **24** sont destinés à l'armement des grandes embarcations, par exemple, à celui des chaloupes des vaisseaux de ligne.

Les obusiers de 12 sont de deux espèces : l'une, comprenant les obusiers pesant 750 liv., et l'autre, ceux de 450 liv. Les obusiers de 750 liv. doivent armer les embarcations de moyenne grandeur, par exemple, les chaloupes de frégates, les grands canots de vaisseaux de ligne ; les obusiers légers de 450 liv. ont été réservés aux chaloupes de corvettes et aux autres embarcations inférieures.

Chaque obusier a un affût-marin, dont la construction a été établie dans le but de faire rapidement feu en avant, à babord et à tribord  La manœuvre au moyen de laquelle on obtient ces résultats, s'exécute avec une grande facilité et très-promptement, par l'emploi d'une disposition ingénieuse dans la construction de l'affût.

La description de cet affût n'est pas suffisante pour en faire bien comprendre les détails, et ce qu'elle a d'obscur n'est guère éclairci par la figure qui l'accompagne.

On voit bien que l'affût se compose de trois parties, de l'affût proprement dit, y compris sa semelle, d'une directrice et d'une plate-forme qui supporte les deux autres pièces. La semelle de l'affût et la plate-forme sont réunies ensemble avec deux forts boulons.

Le système est disposé de manière que l'affût puisse reculer plus ou moins selon le degré de compression produite par les boulons. On ne voit pas trop comment ce recul peut s'opérer. La solution est complexe.

Si les boulons sont fixés invariablement à la plate-forme inférieure et à la directrice, le mouvement de recul de la semelle de l'affût exigera qu'elle ait une ouverture longitudinale destinée au passage des boulons ; si le boulon est fixé dans la semelle de l'affût, la directrice et la semelle devront au contraire avoir une ouverture analogue pour laisser passer librement les tiges des boulons entraînés par l'affût. La première hypothèse paraît plus probable d'après certains passages du mémoire.

Ces affûts peuvent faire promptement un demi-tour, afin de tirer en arrière si le besoin l'exige. Cette condition de service a fait adopter *un bloc* réuni à la partie antérieure de la semelle, au moyen de charnières mobiles. Chacune de ces deux pièces a un boulon compresseur.

Le mode de réunion de ces deux parties paraît peu solide. Il est probable qu'après quelque temps de service, toutes ces ferrures seraient faussées, ébranlées et même détachées en partie. C'est le jugement qu'un examen rationel conduit à porter. Les expériences citées sont insuffisantes pour l'infirmer ; il faudrait qu'une longue pratique n'altéra pas ce mode d'assemblage, pour qu'il pût être accepté à *priori* avec confiance.

Cette observation n'implique nullement la critique de l'idée ingénieuse que la disposition précédente sert à réaliser, nous pensons seulement que celle-ci n'atteint pas complétement le but proposé.

Outre le moyen de changer la direction du tir, cet affût-marin possède une autre propriété précieuse, c'est d'avoir un très-petit recul. On est parvenu à ce résultat, en faisant une heureuse application de la force de frottement développée par la pression produite au moyen des boulons à écrou.

L'affût destiné au débarquement est en fer. (Chap. IV. fig.) Les parties dont il se compose sont habilement déterminées pour lui faire atteindre son but ; mais les tirans dont on a senti la nécessité pour renforcer les flasques et les précautions qu'on recommande de prendre, semblent indiquer que sa solidité est douteuse. Il participe du reste aux avantages et aux défauts généraux des affûts en fer ; l'expérience seule pourra faire prononcer sur ses qualités, sur ses défauts, et faire reconnaître s'il remplit complétement l'objet proposé.

L'idée de donner des sacs à charge à tous les servants d'une pièce de débarquement, est heureuse ; c'est un moyen simple, de porter un premier approvisionnement et d'avoir toujours des munitions sous la main quand la pièce est débarquée.

Les chapitres consacrés aux shrapnels renferment des renseignements et des observations utiles, sur la confection l'emploi et les effets de ces projectiles. La fusée a été aussi l'objet d'une étude sérieuse aux États-Unis, et celle qu'on a adoptée à la suite de nombreuses expériences, est d'une grande simplicité. Cependant, l'auteur du rapport officiel paraît considérer les ingénieuses fusées du colonel Bormann, comme étant les plus convenables pour le tir des shrapnels.

Les difficultés qu'on rencontre pour opérer un débarquement en face de l'ennemi, sont exposées avec beaucoup de lucidité, et confirmées par des citations extraites des lettres de marins distingués par leur expérience dans ce genre d'opérations maritimes. On expose aussi avec quelque détail les dispositions et les précautions que l'expérience recommande pour exécuter cette opération périlleuse avec le moins de désavantage possible. Elles donnent une idée de la tactique navale adoptée aux États-Unis pour ce genre d'opérations de la guerre maritime.

Les poids et longueurs ont conservé leur dénomination anglaise ; leur traduction dans le système métrique aurait été de peu d'utilité pour ceux qui veulent simplement avoir une idée du système exposé dans ce livre, car, dans ce cas, l'unité adoptée est indifférente; ceux qui ne voudraient pas se borner à la connaissance de simples rapports de longueur, de poids, etc. , mais désireraient connaître la valeur métrique de ces quantités, pourront facilement satisfaire leur désir au moyen de la table suivante que nous avons extraite de *l'Annuaire du Bureau des longitudes.*

## CONVERSION DES MESURES ANGLAISES
### EN MESURES MÉTRIQUES.

*Mesures de longueur.*

1 yard      égale    $0^m,91438$

1 pied      égale    $0^m,30479$

1 pouce     égale    $0^m,02539$

### Poids.

1 livre (pound) égale    $0^k,453$

1 once      égale    $0^k,028$

M. DE B.

# RAPPORT

SUR LE

# SYSTÈME D'ARMEMENT

ADOPTÉ

## POUR LES EMBARCATIONS

DANS LA MARINE DES ÉTATS-UNIS.

---

BUREAU DE L'ARTILLERIE DE LA MARINE DES ÉTATS-UNIS.

Washington, 1er janvier 1852.

Au commodore Morris, chef du service de l'artillerie de l'hydrographie,

Monsieur,

Les ordres du Bureau me prescrivant de faire, de temps en temps, un rapport sur les progrès et la situation du service dont je suis chargé; afin de m'y conformer, je prendrai la liberté de vous soumettre le mémoire suivant qui a pour objet le système d'armement récemment adopté pour les bateaux de la marine.

L'absence de tout système antérieur obligea, pour accomplir cette œuvre, de descendre des principes généraux aux plus minutieux détails de la pratique. Le poids limite de la bouche à feu, a été la seule donnée immuable; pour tout le reste, le commodore Warrington laissa la plus grande latitude. On en a largement profité pour établir les diverses parties du système.

On reconnaîtra de temps à autre dans nos descriptions, plusieurs dispositions déjà en usage, qui ont été modifiées ou conservées complétement selon les besoins du système. D'autres sont depuis longtemps adoptées dans notre service maritime. Les premières sont généralement relatives au matériel de l'artillerie; les secondes concernent son emploi et sa disposition, enfin tout ce qui se rapporte au service de l'artillerie.

L'obus-Shrapnel et la disposition de l'affût à bateau, sont ce qu'il y a de plus important dans le système. Ce dernier peut se placer sur le devant ou l'arrière du navire, et permet, selon la volonté, de faire feu en avant ou en arrière. Ce double avantage, croyons-nous, deviendra très-précieux lorsque les circonstances nécessiteront l'emploi des canots ainsi armés.

L'expérience fera sans doute découvrir des imperfections dans le système actuel, et on doit raisonnablement s'y attendre, car l'exécution d'une œuvre aussi complexe qu'un système d'armement, dépend d'une foule de détails, même quand il s'agit de celui des bateaux ; aussi cette innovation doit-elle être examinée avec une grande indulgence, eu égard aux circonstances au milieu desquelles elle a été conçue et exécutée. C'était d'ailleurs le premier essai tenté à ce sujet.

A mesure que les pièces terminées paraissaient remplir leur objet, elles étaient envoyées d'urgence aux navires prêts à prendre la mer ; et on continuait de servir ainsi la marine. Mais les demandes excédaient de beaucoup les moyens de fabrication, de sorte qu'on ne pouvait donner aux navires un armement complet en obusiers de bateaux; aujourd'hui même, un navire d'un rang quelconque en a rarement plus d'un seul.

L'établissement actuel n'est donc pas même en rapport avec les besoins modérés de notre flotte ordinaire, de sorte qu'au moindre accroissement qu'elle prendrait, il serait impossible de fournir aux nouveaux navires l'artillerie légère nécessaire à leurs bateaux. L'établissement laisse beaucoup à désirer dans plusieurs parties. On est obligé, par exemple, de recourir momentanément à des auxiliaires, moyen très-dispendieux d'exécuter les travaux et qui ne permet pas d'en garantir l'exactitude.

Tout le personnel sous mes ordres, dans cette branche de service de l'artillerie, se compose, en ce moment, d'un contre-maître, de six ouvriers et de deux aides. Les machines consistent en un atelier de forage, un de tournage, quatre petits tours, deux machines à percer, et une à raboter. D'après cela, on peut juger ce que l'établissement était à son origine.

On a fabriqué en tout quarante obusiers, dont trente sont actuellement en service.

Je saisis avec joie cette occasion de signaler l'intelligence et le zèle du contre-maître et des ouvriers. La perfection de leur travail parlera d'elle-même en leur faveur.

Pendant la rédaction de ce mémoire, le commodore Warrington, à qui il devait être présenté en sa qualité de chef du service de l'artillerie, est décédé. Cet illustre vétéran comptait parmi les débris de cette glorieuse cohorte à qui la marine doit le prestige qu'elle a acquis depuis la première expédition de Tripoli, jusqu'aux triomphes qui couronnèrent la dernière guerre.

Le commodore Warrington suivit pendant plus de la moitié d'un siècle la voie du dévouement et de l'honneur; toujours au service de son pays, la mort seule mit un terme à ses travaux !

C'est à lui que le système de l'armement des bateaux doit son existence et sa consécration officiellement sanctionnée par l'ordre général de décembre 1850.

Il faut espérer que l'expérience justifiera l'opinion que le commodore avait de ce système.

J'ai l'honneur d'être, très-respectueusement, votre très-obéissant serviteur,

JH. A. DAHLGRAN,
*Adjoint à l'inspecteur de l'artillerie.*

---

L'armement des bateaux récemment introduit dans la marine des États-Unis est une des conséquences de la guerre avec le Mexique; car, pendant les guerres précédentes, où l'Océan avait fourni à nos flottes un champ favorable à leurs manœuvres, la pesante artillerie, attirait seule la confiance des marins, étant regardée comme la véritable arme de la marine.

Il n'est pas surprenant que nos marins formés à une telle école aient porté toute leur attention sur l'objet le plus intéressant et le plus essentiel de la marine, négligeant les opérations secondaires et accidentelles qui sont en général d'un mince intérêt , et sans influence sur la réputation, que le résultat soit un échec ou un succès.

Aussi quand la guerre avec le Mexique commença et que la légèreté des navires de ce pays rendit inutile l'emploi de notre marine, on sentit la nécessité de recourir au blocus et à la guerre de côtes comme étant les seules opérations possibles.

Les résultats furent brillants quoique souvent obtenus dans des circonstances très-désavantageuses. Car, indépendamment de la nature des opérations, la puissance navale des États-Unis n'était pas convenablement calculée pour les poursuivre de la manière la plus efficace. Le tirant d'eau même des plus petites corvettes était trop considérable à cause des basfonds qui règnent le long des côtes du golfe, et des barres qui ferment l'embouchure des fleuves.

Il est pénible de dire qu'il n'y avait aucun système d'armement de bateaux pour parer aux difficultés de ce genre qui se présentaient dans notre service maritime. Il y avait bien dans les arsenaux de la marine quelques petites caronades mais elles faisaient rarement partie de l'armement des navires et n'ont peut-être jamais servi.

Les difficultés qu'on rencontra furent en partie surmontées par l'acquisition de petits bateaux de cabotage, et par l'adoption de tout ce qui pouvait alléger l'artillerie qui leur était destinée. On prit dans l'armée de terre des pièces de campagne de 6, de **12** livres et des obusiers de montagne. On tira aussi du fond des arsenaux de la marine des petites caronades en fer et de vieux obusiers de 4 pouces **1/2**.

Ces moyens de hazard permirent cependant à la marine de rendre de très-grands services, car pendant la dernière guerre, elle put bloquer hermétiquement l'immense étendue de côtes ennemies dans le golfe et le Pacifique. Le commerce des États-Unis put ainsi continuer ses opérations sur toutes les parties du globe comme si la guerre n'existait pas; fait sans précédents dans les annales de la guerre maritime !

La conquête d'un vaste territoire au moyen de la marine est extraordinaire, celle des côtes du Pacifique a été le premier exemple.

La nécessité de se prémunir contre le retour de circonstances semblables à celles qui se sont produites dans une guerre de ce genre, donna naissance au système d'armement des bateaux qu'on a introduit dans le service aussi rapidement que possible. On débuta par un premier essai dans l'automne de **1848.** Depuis, tous les perfectionnements ont été successivement vérifiés par l'expérience jusqu'à l'exécution complète du système. Le commodore Warrington, alors chef du service de l'artillerie, portait le plus vif intérêt à la réalisation de ce projet et assistait lui-même fréquemment aux expériences faites de temps

en temps. Il désirait aussi que l'organisation d'un service indiquât clairement le but de sa création, pour
laquelle les opérations de campagne doivent en général être accidentelles toujours subordonnées aux opérations navales ou à celles de l'armée de terre.

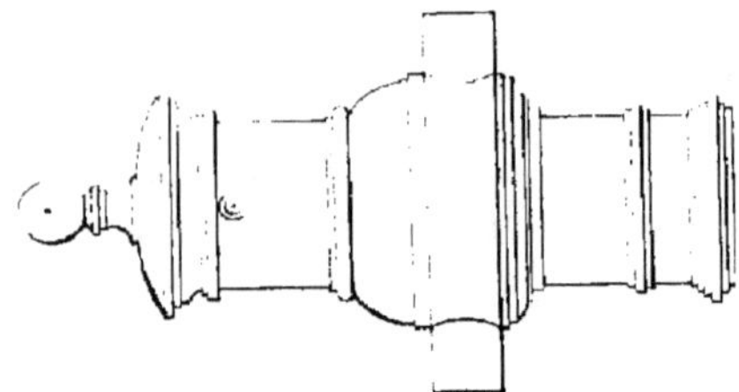

Obusier Anglais
Nerwinden 1693

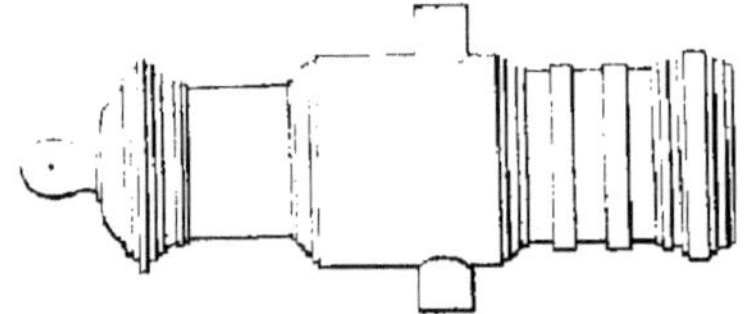

Obusier Français
1795

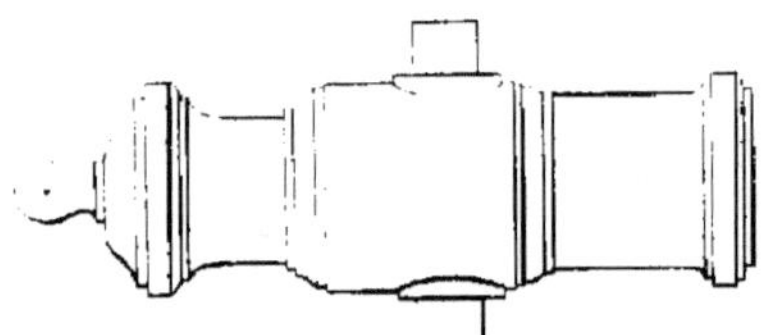

Trophée Révolutionnaire à
Newyork 1781

# CHAPITRE Ier

## NOTICE HISTORIQUE SUR LES OBUSIERS.

L'examen des circonstances si différentes auxquelles un système d'armement de bateaux doit être approprié, conduirait probablement à admettre la supériorité de l'obusier sur les autres bouches à feu. Dans le cas actuel le poids de la bouche à feu est limité : par le tonnage du bateau qui doit la porter, par les exigences de la manœuvre à bord et celles d'un débarquement facile. Le canon d'un poids pareil aurait un calibre trop faible pour que le tir des boulets creux et des shrapnels eut une efficacité suffisante. Ces derniers projectiles étant les plus efficaces contre des hommes à découvert ou protégés par de légers abris, il est rationnel de disposer d'un poids de métal donné de manière à obtenir la bouche à feu capable des plus grands effets avec un projectile convenable.

L'origine des obusiers est enveloppée d'une profonde obscurité, et ce n'est guère que vers la fin du XVII<sup>e</sup> siècle qu'il est fait mention d'eux d'une manière précise.

Vers cette époque le tir à ricochet (1), inventé et mis en faveur par l'illustre maréchal de Vauban, était indifféremment exécuté avec les bombes et les boulets. Les charges usitées étaient généralement très-faibles, de sorte que le projectile rasait le sol à une petite distance de la bouche à feu, puis roulait jusqu'au moment où il éclatait. Le poids des mortiers en usage reconnu inutile pour ce genre de tir, fut diminué; cet allégement et une modification dans l'affût rendirent le transport des mortiers plus facile; de là naquirent probablement les obusiers en usage à cette époque.

Des bouches à feu de cette espèce faisaient partie de l'équipage de campagne des Allemands en 1693, lorsqu'ils défendirent, avec l'aide des Anglais, une position retranchée à la hâte, près de Nerwinden. Après un sanglant combat, cette position fut emportée par les Français, qui prirent huit de ces obusiers, dont quatre étaient allemands et deux anglais.

---

(1) Ce genre de tir proposé en 1688 fut employé avec grand succès au siége d'Ath en 1697.

Pendant le dix-huitième siècle il n'y eut de changement notable dans la forme et l'emploi de ces bouches à feu que dans un seul pays.

Dans la planche I<sup>re</sup> on a représenté trois obusiers.

Le premier, qui est anglais, est un de ceux qui furent pris à Nerwinden en 1695.

Le second, postérieur d'environ un siècle, était en usage dans l'armée française au commencement des guerres de la Révolution et même plus tard. Le dessin de cet obusier est extrait du Manuel du général d'Urtubie.

La troisième figure représente un obusier français fondu à Douai en 1778, par Bérenger. Il tomba entre les mains des Anglais, qui le donnèrent à la ville de New-York, où se termina la guerre de l'indépendance. Cet obusier est actuellement à l'arsenal maritime de Washington.

Il paraît que les artilleurs français ne sentirent pas ou n'admirent pas immédiatement la nécessité de ces nouvelles bouches à feu, car l'obusier n'est pas mentionné dans l'ordonnance royale de 1734, qui fixe les dimensions des canons, des mortiers et des pierriers. A la bataille de Fontenoy (1745), les Français avaient neuf obusiers (1) et d'après quel-

---

(1) Paixhans.

ques écrivains militaires (2), ce ne fut qu'en **1749** que Vallière fit fondre quelques obusiers de huit pouces (**22** cent.)

Frédérick, roi de Prusse, est le premier qui ait assigné aux obusiers un rôle en rapport avec leur puissance. On dit en effet, que ce prince, à la bataille de Burkendorf (**1762**), réunit en une seule batterie, quarante-cinq de ces bouches à feu.

Tous les perfectionnements que ce roi-guerrier introduisit dans son artillerie, ont peut-être eu moins d'influence sur ses progrès, que cette idée lumineuse. On vit dès-lors les obusiers, auparavant peu en faveur, sortir de leur obscurité, et former désormais une partie essentielle des parcs de campagne

L'exemple donné par Frédérick, ne fut pas perdu pour ses ennemis. L'artillerie française ne tarda pas à subir une complète réorganisation, d'après les plans de l'illustre général Gribeauval  Dans le système français, comme dans celui de la Prusse, les pièces de campagne furent entièrement distinctes de celles de siége, et rendues beaucoup plus légères à calibre égal ; Gribeauval introduisit aussi l'obusier de six pouces (**16** cent.) dans le système d'artillerie

---

(2) Moritz-Meyer, d'Urtubie.

de campagne (1765). Cette bouche à feu constituait un progrès marqué sur l'obusier de six pouces. Cependant, quoique ce fut un pas fait dans la bonne voie, il paraît que le but primitif qu'on se proposait d'atteindre était une réduction dans le poids.

Il semble, en effet, d'après les écrivains militaires de l'époque, qu'on ne considérait ces nouvelles bouches à feu que sous ce point de vue. « Les obusiers, dit le général d'Urtubie (1), sont une espèce de mortiers un peu plus longs que ceux ordinairement en usage, et montés sur des affûts de campagne. »

Le service que les obusiers rendirent pendant les guerres de la Révolution française et du Consulat, fit regarder ces bouches à feu avec beaucoup de faveur. Mais quand ils furent opposés au tir supérieur des obusiers prussiens, ou que leurs effets furent comparés à ceux du feu direct des canons de campagne, avec lesquels ils étaient réunis, on sentit la nécessité de chercher les moyens de rendre l'obusier et son projectile propres à produire les effets dont on croyait cette bouche à feu capable.

Cette opinion se manifeste clairement dans un

_______________

(1) *Manuel de l'Artilleur*, 1755.

rapport adressé, en 1800, par le comité de l'artillerie au ministre de la guerre. On y lit ces mots :

« Ici il ne s'agit pas de changer, il faut créer. »

Ces paroles é montrent clairement que l'obusier
de cette époque, et la manière de l'employer, lais-
saient beaucoup à désirer. Le nouveau progrès ac-
compli montre que le tir à ricochet était alors con-
sidéré comme accessoire, et que les obusiers ne
devaient pas plus longtemps être employés à remplir un objet secondaire.

En 1805, l'obusier de 24 fut ajouté, en France,
aux bouches à feu de campagne, et réuni aux batteries de canon de 8.

Les obusiers de 6° et de 24, à peuprès semblables,
présentaient les différences suivantes :

|  | Obusiers. | |
|---|---|---|
|  | de 6. | de 24. |
| Diamètre de l'âme. . . . . . . | 6°,55 | 6",00 |
| Longueur de l'âme (en calib.) | 4 ,14 | 5 , 0 |
| Poids de projectile. . . . . | 25 livres. | 16 l. 2/3 |
| Poids de la charge. . . . . | 17 onces. | |
| Poids de la pièce. . . . . . | 723 livres. | 648 |

Cependant les guerres de l'Empire, qui ne tardè-
rent pas à lui donner un vaste théâtre d'expérience
montrèrent que les nouveaux obusiers , malgré
leur supériorité sur les anciens, étaient mal propor-
tionnés, leur recul était assez violent pour détruire les affûts, et leurs effets étaient en outre très-inférieurs à ceux des obusiers des nations

étrangères. Aussi l'Empereur, ajouta-t-il au matériel de son artillerie les obusiers conquis sur les
Prussiens et sur les Espagnols.

Ces progrès successifs, dans l'artillerie française,
avaient été devancés par les artilleurs russes qui,
après la guerre de Sept-Ans, avaient adopté de longs
et pesants obusiers, nommés *licornes* (1). Leur
puissance était plus grande que celle des obusiers
français, même que celle des obusiers prussiens et espagnols. Aussi, Napoléon ordonna-t-il de soumettre
les licornes à de nombreuses expériences, et pré-
parait-il de nouveaux perfectionnements aux obusiers quand sa puissance s'écroula.

En 1813, l'artillerie française possédait **27,936**
bouches à feu. A la paix de **1815**, cet immense matériel comprenait :

Des obusiers de 8° de Gribeauval.

    —      6°      id.

    —     24°   de **1803**.

    —      6°   prussiens.

    —      6°   espagnols.

Un savant écrivain militaire (2) émet sur ces obusiers les opinions suivantes : « Les trois premiers

--------------------------------------------------

(1) Moritz-Meyer.

(2) Paixhans.

étaient mal construits, avaient une faible portée, et un recul si violent, qu'ils brisaient leurs affûts même quand ils étaient renforcés, les quatrième et cinquième valaient mieux ; mais les obusiers prussiens étaient trop lourds pour les batteries divisionnaires, et ceux d'Espagne n'avaient pas assez de puissance pour les batteries de réserve dont ils faisaient partie. »

Le comité d'artillerie continua ses travaux. Le résultat fut l'adoption de deux obusiers de campagne plus longs et plus pesants que les précédents ; mais de même calibre, savoir : l'obusier de 15 cent. et celui de 16 cent.

Le changement radical opéré ainsi dans cette espèce de bouche à feu, sera mis en évidence par la comparaison de deux obusiers du même calibre.

|  |  | OBUSIER DE | | |
|---|---|---|---|---|
|  |  | 6 pouces. | | 16 cent. |
| Ame | Longueur (en calibre) | 4,14 cent. | — | 10,78. |
|  | Diamètre, — | 6p",55. | — | 6p",52. |
| Poids | Projectile (chargé), | 25 livres. | — | 25 livres. |
|  | Charge, — | 17 onces 1/23. | — | 5 liv. 1/5. |
|  | Pièce, — | 725 livres. | — | 1950 livres. |
| Vitessse initiale, | — | 800 pieds. | — | 1200 pieds. |

La charge de la nouvelle pièce est trois fois plus grande que celle de l'ancien obusier de 6 p., et la vitesse initiale de son projectile est augmentée de moitié.

On voit ainsi : que le résultat de nombreuses expériences a rendu évidente la nécessité de donner plus de vitesse à l'obus, et que le système français, en moins d'un demi-siècle, est progressivement arrivé des obusiers légers de 8° et de 6° à ceux beaucoup plus lourds de 16 cent. et de 15 cent.

Parmi les cinq principales puissances de l'Europe, trois ont adopté les nouvelles idées, savoir : la France, l'Angleterre et la Russie; tandis que les deux autres, l'Autriche et la Prusse, sont restées fidèles aux anciennes (1).

---

(1) En Allemagne, on a généralement conservé l'obusier court, dont on envisage l'emploi en campagne sous un autre rapport que nous le faisons en France. Les Allemands sont donc restés fidèles à l'idée première de l'obusier, qui ne paraît avoir guère été, à l'origine, qu'un mortier placé sur un affût à roues, (Favé).

# CHAPITRE II.

## POIDS, CALIBRES, ET CONSTRUCTION DES OBUSIERS DE BATEAUX

Des bouches à feu destinées au service des bateaux ne devraient jamais avoir un poids assez considérable pour être un embarras, qu'elles soient placées à l'avant ou à l'arrière, même dans les circonstances les moins favorables, telles que par un ressac, ou avec une voie d'eau ; car, quoique l'obusier soit plus aisément disposé au milieu du bateau qu'à ses extrémités, il pourrait arriver que les circonstances exigeassent qu'il fut prêt pour tirer spontanément.

Les bateaux affectés aux diverses espèces de navires ont des formes et des tonnages différents, d'où

# Obusiers à Bateaux.

## Obusier de 94.

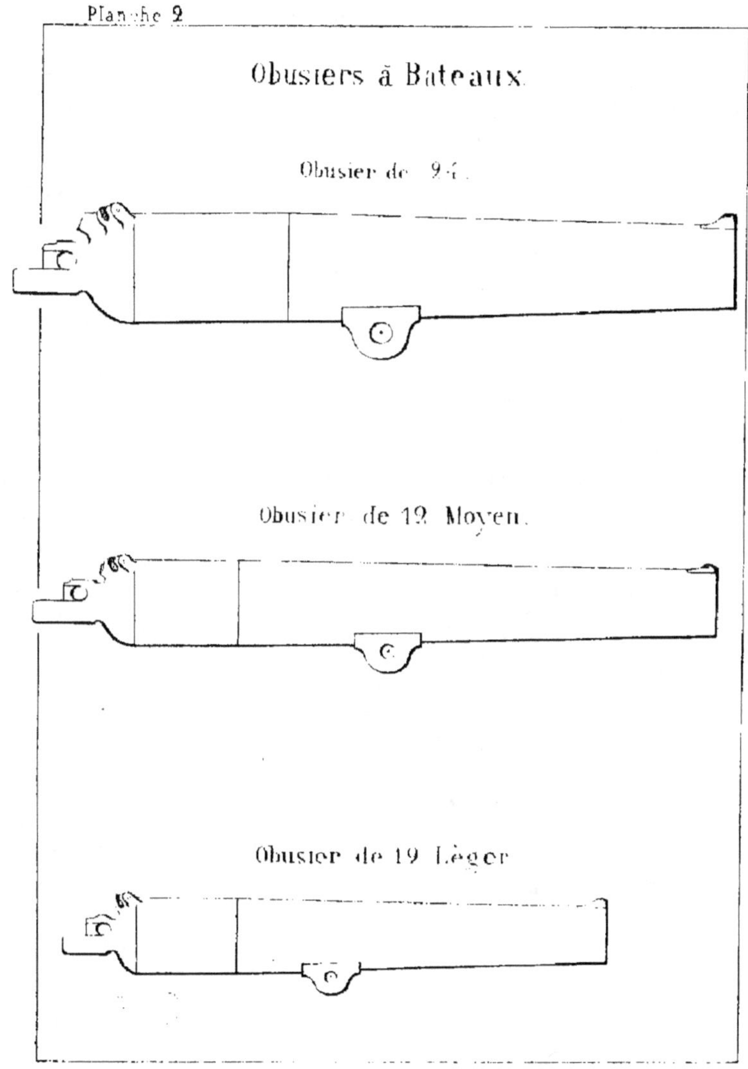

## Obusier de 12 Moyen.

## Obusier de 19 Léger

résulte la nécessité d'avoir des pièces de différents poids. Les chaloupes sont, sous tous les rapports, mieux disposées que les cutters, pour porter la lourde artillerie et résister au choc dû à sa réaction. Aussi est-il convenable de les choisir comme type de la classe à laquelle il faut s'arrêter pour fixer le poids de l'obusier. Aux chaloupes on peut joindre quelques cutters qui en approchent par la force et le tonnage.

Il est très-certain que les chaloupes des frégates et des navires plus considérables sont tout à fait capables de porter sur l'avant ou l'arrière, des pièces aussi lourdes que peut l'exiger le service auquel les bateaux sont généralement destinés.

La chaloupe d'un vaisseau de ligne, par exemple, porterait aisément une pièce pesant 2000 livres, poids qui suffirait pour la fabrication d'un obusier de 52 livres. Mais les vaisseaux de cette espèce sont rarement armés dans notre marine, et une bouche à feu de ce poids serait trop lourde pour les bateaux des autres navires. Aussi a-t-il paru irrationnel de détourner un établissement nouveau et peu considérable, de la fabrication des bouches à feu journellement demandées par les vaisseaux d'un usage général.

L'obusier de 24, pesant environ 1500 livres, fut en conséquence adopté pour la plus lourde bouche à feu, comme étant la plus convenable pour satisfaire aux besoins immédiats de la marine, et pouvant être placé sur les chaloupes des frégates, si les circonstances exigeaient l'emploi d'une puissante artillerie dans les opérations maritimes. Cette bouche à feu serait en outre très-utile pour les chaloupes des vaisseaux de 74, si la nécessité du service exigeait l'armement de cette classe de navires.

L'obusier spécialement destiné aux chaloupes de frégates est celui de 12, pesant 750 livres. Cette bouche à feu, selon toute probabilité réunit au plus haut degré la mobilité et l'efficacité nécessaires aux opérations des bateaux. Il est très-probable que l'expérience justifiera l'opinion très-favorable qu'on a conçue de ses avantages.

La chaloupe de corvette pourrait difficilement porter avec sécurité l'obusier de 12, pesant 750 livres, aussi a-t-on senti la nécessité d'avoir une pièce plus légère pour armer les chaloupes des plus faibles navires de cette espèce, dont il y a jusqu'à trois classes. C'est pour atteindre ce but qu'on a adopté un obusier de 12 pesant 430 livres.

On a été ainsi conduit à affecter :

1° *L'obusier de* **24** aux chaloupes des vaisseaux de 74.

2° *L'obusier de* **12** *moyen* aux chaloupes des frégates et à celles des premiers cutters des vaisseaux de 74.

3° *L'obusier de* **12** *léger* aux chaloupes des corvettes, à celles des premiers cutters de frégates et aux seconds des vaisseaux de 74.

*Dimensions principales des obusiers.*

|  | OBUSIER. | | |
|---|---|---|---|
|  | DE 24 | DE 12 moyen | DE 12 léger |
|  | pouces | pouces | pouces |
| Diamètre de l'âme | 5,82 | 4,62 | 4,62 |
| Vent normal | 0,10 | 0,10 | 0,10 |
| Longueur de l'âme (chambre comprise) | 58,20 | 55,29 | 44,00 |
| Longueur en calibre | 10,0 | 12,0 | 9,5 |
| Longueur de la chambre | 6,0 | 5,23 | 5,23 |
| Longueur du diamètre de la plate-bande de culasse à la tranche de la bouche | 58,20 | 56,23 | 45,24 |
| Diamètre de la partie cylindrique | 11,42 | 9,0 | 8,0 |
| Diamètre de la volée | 8,82 | 7,24 | 6,42 |
| Longueur de la partie cylindrique | 15,00 | 12,00 | 10,00 |
| Longueur de la volée | 43,20 | 44,23 | 35,24 |
| Longueur du derrière de la plate-bande de culasse à l'axe du support-tourillon | 23,75 | 24,60 | 18,78 |
| Longueur du support-tourillon | 7,00 | 5,00 | 5,60 |
| Diamètre. id | 2,50 | 2,03 | 1,50 |

**Poids de la pièce 1500 livres 430 livres.**

Les principes généraux de constructions, les dispositions pour placer la pièce sur son affût, donner
la hausse, faire feu, sont semblables pour les trois
obusiers.

Le bronze forme autour de la charge un cylindre suffisamment prolongé au devant de la position du projectile; puis la bouche à feu prend la forme d'un tronc
de cône qui s'étend jusqu'à la tranche de la bouche. La
culasse est sphérique comme on le voit dans les fi-
gures de la planche 2.

L'âme se termine par une chambre tronçônique.
Plusieurs raisons l'ont fait préférer à celle de forme
cylindrique. Mais la principale, quant à ces obusiers,

était la facilité de charger, qu'elle présente dans un tir précipité, sans craindre un arc-boutement de la charge. Une longue pratique a complétement justifié ces prévisions.

L'obusier est monté au moyen d'un support tourrillon semblable à celui des caronades.

L'inclinaison est donnée au moyen d'une vis qui passe à travers un appendice faisant suite au bouton de culasse. La manivelle ordinairement employée était tout à fait inadmissible pour donner rapidement à la pièce l'inclinaison désirée. Elle a été remplacée par un disque fixé sur la vis immédiatement au-dessous de la partie filetée; sa tranche a été cannelée pour rendre plus intime son contact avec la main.

La batterie est composée d'un marteau à tête plate percée, pour donner un libre passage au gaz. Il est placé entre deux oreilles fondues avec la pièce, derrière la lumière, et de manière à ne pas gêner le pointage.

On donne l'élévation au moyen d'une hausse mobile logée dans la plate-bande de culasse.

Le cul-de-lampe est terminé par un bouton percé d'un trou pour la brague en cas de nécessité. Cette précaution a jusqu'à présent été inutile, et on aurait volontiers supprimé cet anneau de brague, si cette suppression n'eut paru trop contraire à l'opinion générale. Il a paru judicieux de s'y conformer, d'autant plus que cet anneau de brague nuit seulement à la symétrie; de sorte qu'on l'a conservé.

## PROJECTILES.

Les projectiles dont on fait usage avec les obusiers, sont : les obus, les boîtes à balles et les shrapnels adoptés récemment.

Tous les projectiles sont réunis à leurs charges respectives au moyen du sabot.

La boîte à balles est composée de balles de fer, entassées dans une boîte de fer blanc ; les interstices sont remplis de sciure de bois ; le couvercle de la boîte est une rondelle de fer, et le fond est formé d'un cylindre en bois, qui sert en même temps de sabot.

Le diamètre de chaque balle est de 1 po.07, et le poids de 0 liv. 16.

Les obus et les shrapnels ont un diamètre qui peut varier d'un 1/400ᵉ de pouce. Le diamètre moyen correspond à un vent de 1/14ᵉ de pouce.

L'œil de ces deux projectiles, après la fonte, est d'un quart de pouce. On l'alèze ensuite de manière à recevoir une ampoule en bois dans laquelle on place la fusée.

Quand les fondeurs livrent les obus et les shrapnels, on examine avec soin ces projectiles et on vérifie leurs dimensions. Ils sont ensuite mis à part dans un magasin de l'arsenal et alèzés.

On les transporte, après cette opération, dans

une autre dépendance de l'arsenal, où des ouvriers spéciaux les fixent sur des sabots, puis les réunissent à leurs charges. Les shrapnels, avant cette dernière opération, sont remplis de balles et munis de leur ampoule en bois.

Tout ce qui est relatif aux dimensions, aux poids, est observé avec le plus grand soin. Ces opérations, non-seulement doivent être exécutées par des ouvriers habiles, mais encore être vérifiées par un contrôleur expérimenté.

Les projectiles sont alors mis dans des coffres de sapin, et disposés de manière que le sabot appuie sur un liteau, fixé dans la boîte, de manière que la charge placée à la partie inférieure soit à l'abri de toute compression.

|  | OBUS. | | SHRAPNELS. | |
| --- | --- | --- | --- | --- |
|  | 12 | 24 | 12 | 24 |
|  | pouces. | pouces. | pouces | pouces. |
| Diamètre (1) | 4,52 | 5,72 | 4,52 | 5,72 |
| Epaisseur des parois | 0,70 | 0,90 | 0,45 | 0,55 |
| Epaisseur de l'œil (2) | 1,05 | 1,33 | 0,75 | 1,10 |
| Diamètre de l'œil { à l'exter. | 0,90 | 0,90 | 0,90 | 0,90 |
| { à l'inter. | 0,743 | 0,698 | 0,788 | 0,735 |
| Poids (en livres) | 8,4 | 17,0 | 6,4 | 12,0 |

(1) Tolérance accordée aux fondeurs 0 po.02.

(2) L'œil est renforcé par un massif.

(3) Le diamètre de l'œil, après la fonte, est de 0po.25, après l'alésage, l'inclinaison des génératrices du cône est de 0 po.15 pour 1 po.0.

## COFFRES A MUNITIONS, SACS A CHARGES, ETC.

Les boîtes à balles, les obus et les shrapnels sont placés dans des caisses de sapin blanc parfaitement appropriées au besoin du service. Il y en a de deux dimensions : l'une contenant neuf coups et l'autre dix-huit. Chaque coup est accompagné de deux amorces, et d'un assortiment de fusées; le tout est réuni dans un sac de papier imperméables qu'on loge dans l'espace disponible de la caisse. Les caisses sont placées vers l'arrière du bateau, comme étant l'endroit le plus convenable, et quoiqu'elles soient construites de manière à être imperméable, cependant il conviendra de les recouvrir d'un prélat.

Chaque homme est muni d'un sac de cuir, en forme de porte-feuille, dans lequel il peut porter un coup de chaque espèce. Il est porté en sautoir au moyen d'une courroie qui passe sur l'épaule. Les deux amorces et l'assortiment de fusées sont placés sous la patte; ainsi chaque homme porte tout ce qu'il faut pour tirer un coup.

Quand on débarque, chaque homme a une charge dans son sac, en sorte qu'en toute circonstance, la pièce est convenablement approvisionnée pour une action momentanée.

Si ces dispositions ne sont pas devenues nécessaires par la résistance opposée sur la côte, et que les troupes de débarquement doivent s'avancer à quelque distance dans l'intérieur du pays, on attache une ou deux doubles caisses sous l'essieu de l'affût de campagne, et chaque servant d'une pièce porte, dans son sac, deux charges dont le poids (25 livres) est en rapport avec la force d'un homme. On transporte ainsi 72 coups par obusier. Quand les sacs sont vides on les approvisionne au moyen des caisses, et quand elles sont épuisées on les abandonne, si la rapidité de la marche exige ce petit sacrifice.

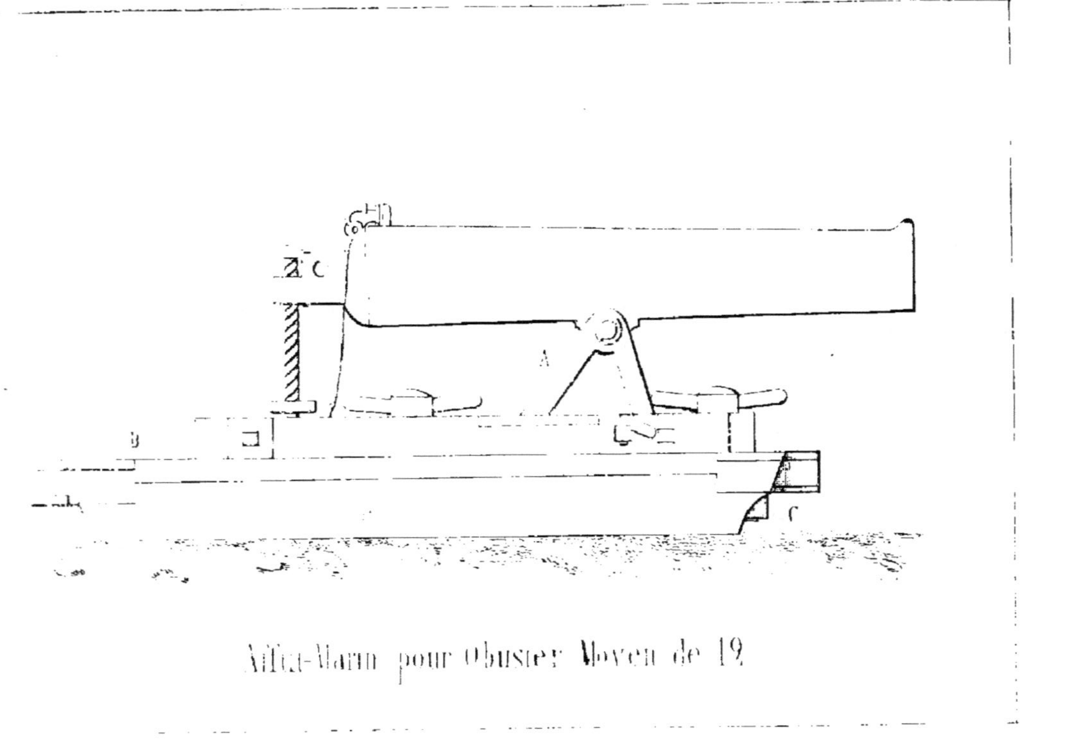

Affût-Marin pour Obusier Moyen de 19

# CHAPITRE III.

## AFFUTS POUR EMBARCATIONS.

Chaque affût est composé de trois parties principales (Pl. III) savoir :

A. Le support de la bouche à feu.

B. La directrice sur laquelle le support glisse.

C. Enfin une plate-forme en bois avec laquelle la directrice est fixée au moyen de deux forts boulons.

On règle le recul en comprimant la directrice entre le support de la bouche à feu et la plate-forme inférieure.

On a, dans ce but, fileté les extrêmités supérieures des boulons, qui réunissent le support et la plate-forme, et on les a engagées dans des écrous à manivelles.

Ces boulons sont serrés autant que le permet la force d'un homme ordinaire, ce qui suffit pour renfermer le recul dans les limites de la longueur de la directrice. Après chaque coup, on desserre les boulons et on ramène l'obusier à sa première position de tir.

Cette manœuvre exige, pour être bien exécutée, que les surfaces en contact soient parfaitement dressées. On reconnaîtra que cette condition n'est pas remplie, quand, la pression des boulons sera insuffisante pour régler le recul. Dans ce cas on descendra la pièce et son support, puis l'on examinera séparément et avec grand soin les surfaces frottantes des trois parties de l'affût.

Partout ou le contact aura eu lieu, le bois sera poli. On enlèvera le plus légèrement possible ces parties pour rendre exactement planes les surfaces frottantes; cela suffira pour régler le recul. En faisant cette opération, il faudra bien se rappeler, que non-seulement, le poli des surfaces est inutile, mais nuisible, et devra par conséquent, être évité autant que possible.

Si l'affût est difficilement ramené en batterie, quand les boulons sont desserrés, c'est un indice que la directrice est gonflée ou déjetée. On remédiera facilement à cet inconvénient en enlevant un peu de bois de chaque côté.

Malgré tout le soin possible apporté dans le choix des bois, on sait que leur exposition alternative au soleil et à la pluie, circonstance rare dans les expéditions maritimes, les fait travailler et que le meilleur matériel se déjette. Aussi sera-t-il indispensable d'examiner les nouveaux affûts au moment de leur embarquement et d'en corriger sans délai les défauts de précision.

L'affût de l'obusier lourd a en avant du support de la bouche à feu, une pièce dans laquelle s'engage un des boulons compresseurs. Le support et cette pièce sont réunis au moyen d'une double charnière. Ce mode d'assemblage a pour objet de permettre de faire feu en arrière sans changer la position de la directrice. A cet effet, on donne d'abord un petit coup sur la tête du boulon d'arrière, puis on ôte les clavettes et les moraillons des charnières, ensuite on desserre le boulon postérieur et on tire légèrement l'affût vers l'arrière pour détruire l'adhérence des surfaces en contact, enfin on fait décrire à l'obusier et à son affût un demi-cercle autour du boulon d'arrière. Le boulon antérieur est toujours serré. Cette manœuvre s'exécute rapidement et la résistance au recul reste la même qu'auparavant.

Les bragues n'ont jamais paru nécessaires, quel que soit l'obusier dont on ait fait usage. S'il arrivait cependant que la compression devint insuffisante par une cause quelconque, on ferait alors usage de la brague et les obusiers seraient manœuvrés comme s'ils étaient placés sur les affûts ordinaires des caronades.

On peut se dispenser de l'emploi des palans pour remettre en batterie les obusiers légers ou moyens de 12 livres, mais le poids de ceux de 24 peut le rendre nécessaire.

Avec très-peu d'attention, on verra que le nouvel affût remplit parfaitement l'objet de réduire la puissance de recul de cette espèce de bouche à feu.

Le premier de ces obusiers qui fut coulé, était un petit obusier de 12 livres, dont le poids était de 275 livres et par conséquent trente et une fois celui de son projectile. On le monta sur un affût semblable à celui dont on vient de lire la description, et il fut tiré avec la charge d'une demi-livre. Le recul permis par la longueur de la directrice était de 22 po.5, mais l'emploi de la compression réduisit à 17 po. la moyenne de dix coups.

On tira ensuite quatre coups dans une minute avec la charge de 5/8 de livre ; on obtint alors les reculs suivants : 14 po.,04, 15 po.,75, 19 po.,25 et 22 po., 00, en moyenne : 17 po.,75.

Le fait suivant peut donner une idée de la force du recul à laquelle on s'opposait. Le même obusier fut placé sur l'avant d'un canot n° 3 de frégate, lequel avait 27 pieds de long et était chargé du poids de 12 personnes, plus de celui de l'obusier, des munitions, des avirons, etc. ; eh bien! le tir de cette bouche à feu suffit pour faire reculer le canot de plusieurs mètres (many yards). Cependant cette force, au moyen de la compression, n'altérait pas la forme du canot, la peinture même des bordages ne fut pas altérée par cent coups, tirés généralement quand il était sous voile.

L'affût de 12 moyen a donné les résultats suivants (juillet 1849), pour un tir de 50 coups à obus (pesant 10 liv.) tirés avec la charge de 1 liv. 1/4 ou 1/6 : 16 p.1/2—17 p.,1/4 — 16 p.,0 — 25 p.,0, etc. La longueur de la directrice permettait un recul de 29 p.1/2. La bouche à feu était devenue très-chaude.

L'affût de 12 lignes recula de 15 pouces, 10 pouces, 12 pouces, etc. Le recul que permettait la directrice était de 29 pouces 3/4.

On peut avec ce mode d'affût obtenir le tir le plus rapide qu'on puisse attendre de ces légères bouches à feu.

On a pu en effet, dans une expérience, tirer sept à huit coups avec l'obusier de 12 (de 750 liv.) placé sur un affût à bateau ; on a même tiré quelquefois jusqu'à 8 à 10 coups quoique ce tir précipité eût été très-dangereux pour les servants s'ils ne se fussent éloignés assez rapidement de la bouche de la pièce. Les boulons compresseurs étaient toujours serrés avant le feu, dessérés après, et l'obusier ramené en batterie en le poussant avec les mains. L'espace resserré d'un canot, même du plus grand, ne permet pas cependant d'exécuter des manœuvres si rapides.

# CHAPITRE IV.

## AFFUTS DE CAMPAGNE.

L'obusier de **12**, pesant 750 liv., est destiné à accompagner les détachements des matelots débarqués. On le place alors sur un affût de campagne en fer (Pl. IV) dont la construction, par suite de la nécessité ou il est de résister au recul, a rencontré pendant quelque temps, de grandes difficultées. La crosse dans ce but, est munie d'une petite roue ou d'un rouleau qui fait ainsi surmonter facilement les obstacles, cette disposition, dans les retraites, parut préférable à l'emploi de la prolonge. L'affût pèse environ 500 liv., aussi malgré le poids de sa pièce est-il aisément traîné par douze hommes, force

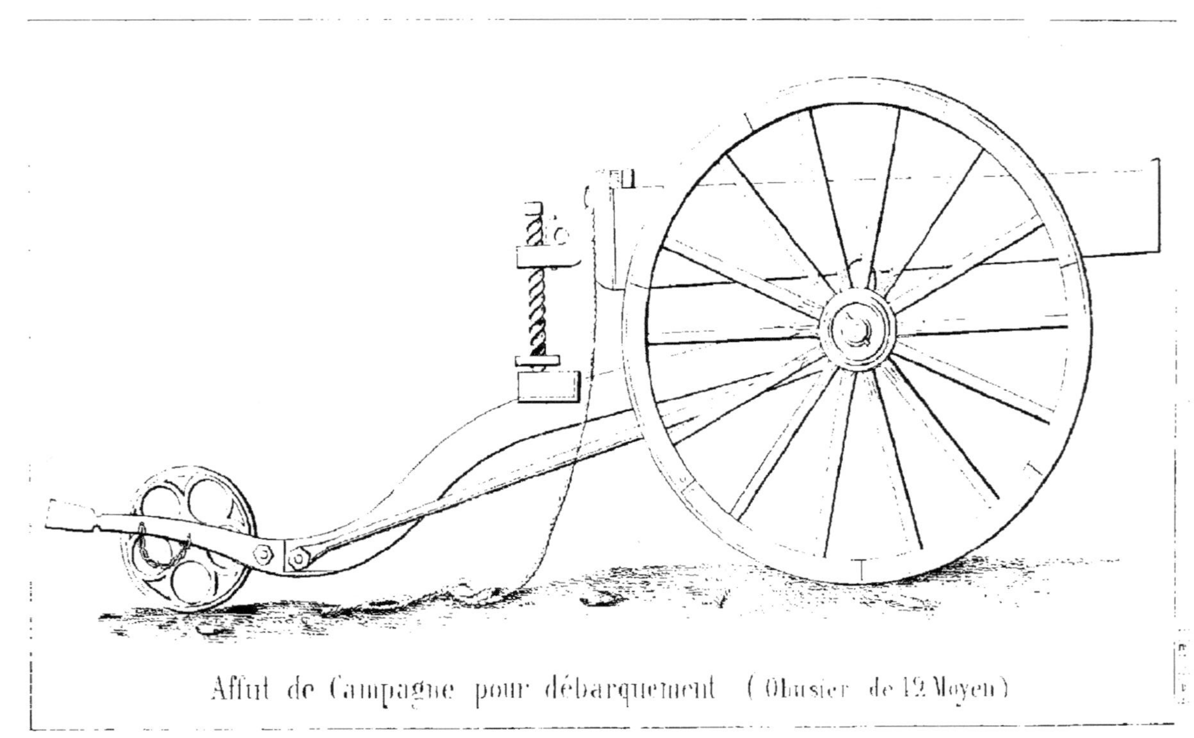

Affût de Campagne pour débarquement  ( Obusier  de 12 Moyen )

toujours disponible avec l'équipage d'une embarcation capable de porter une pareille bouche à feu.

Les différentes parties de l'affût sont assemblées au moyen de boulons à écrous ; ce qui permet de les porter séparément si les circonstances l'exigeaient. Les deux flasques qui divergent de la crosse à l'essieu, le traversent aux extrémités du corps et sont réunis avec lui par des écrous. Ces deux pièces exigent un soin particulier pour résister au tir On renforce chacun d'eux par un tirant en fer, destiné à prévenir leur rupture, mais qui peut aussi, être brisé par la violence du choc. Je n'ai pas appris que ce cas se soit présenté, mais, comme la solidité des flasques est chose essentielle il sera prudent de jeter de temps en temps un coup-d'œil sur eux, afin de prévenir autant que possible toute chance de rupture.

L'essieu de la roue de crosse peut être retiré à volonté, et la roue elle-même peut être placée sur la crosse, si l'on juge nécessaire de diminuer le recul quand le terrain est uni ou glissant.

L'affût est destiné à servir sans avant-train : car ce dernier aurait non-seulement augmenté la multitude d'objets contenus dans l'espace étroit d'un navire de guerre, mais aurait encore causé un grand embarras dans une embarcation déjà encombrée par l'affût à bateau, l'affût de campagne, les munitions, etc. Il aurait au moins nécessité un bateau d'un aménagement spécial.

S'il devait se présenter quelques circonstances dans

# CHAPITRE V.

## MUNITIONS, ETC

L'obus est le projectile qui a toujours caractérisé l'obusier. Ce projectile était placé avec les mains dans les pièces courtes en usage dans le siècle passé. Le sabot était alors inutile pour maintenir la fusée dans l'axe de la pièce lorsque, dans la charge, le projectile parcourait la longueur de l'âme.

On faisait aussi usage, à cette époque, des boîtes à balles et des grappes de raisin lorsque les objets à atteindre se trouvaient dans leur cercle d'efficacité; mais les boulets étaient entièrement exclus du service des obusiers.

Les obus et les boîtes à balles constituent encore la plus grande partie des munitions de l'obusier.

Dans le cours de la première moitié du XIX<sup>e</sup> siècle, un autre projectile, l'obus shrapnel, ou boîte sphérique à balles, fut inventé. Ce nouveau projectile participe en quelque sorte à la nature des obus et des boîtes à balles et l'emporte de beaucoup sur l'obus ordinaire quand les troupes sont dans sa sphère d'efficacité.

Il est généralement admis, d'après les autorités les plus compétentes, que l'invention de ces projectiles est due à un officier anglais, le colonel *Shrapnel* (depuis lieutenant-général), d'où ils tirent le nom qu'on leur a généralement donné. On les nomme aussi quelquefois *boîtes sphériques à balles*.

Le colonel Shrapnel essaya de réaliser sa conception en 1803, à Mont-Bay, ce qu'il fit apparemment avec quelque succès ; car on sait que, pendant les opérations du duc de Wellington en Espagne, six canons de campagne reçurent un approvisionnement de shrapnels et tirèrent ces projectiles, à la bataille de Vimiera, en 1808.

La première fois qu'on employa ce projectile si différent de ceux que les artilleurs avaient l'habitude d'employer, on obtint, comme on aurait dû s'y attendre, des résultats différents, ce qui divisa les opinions. Le colonel Napier dit, dans sa relation du siége de Badajoz, que « cette espèce de projectile, dont on parlait beaucoup dans l'armée à cette épo-

les artilleurs, dans toutes les circonstances. Cependant, il mérite peu de confiance en campagne, quand l'observateur est près de la bouche à feu ; car les angles sous lesquels on voit les objets, et principalement les parties successives d'une plaine, sont trop petits pour fournir des données utiles, même à l'observateur dont les yeux seraient le mieux exercés. Cependant, l'estimation des portées devient de plus en plus précise à mesure que l'observateur s'éloigne de la bouche à feu, propriété qui permet alors d'employer ce procédé avec avantage. Par exemple des navires en ordre de bataille pourraient l'employer pour régler la hausse de leurs bouches à feu et la durée des fusées de leurs projectiles, si chacun d'eux avait égard aux signaux qui lui transmettraient les observations faites par le navire relativement le plus éloigné.

On dit que les effets des shrapnels sur le terrain ne sont pas aussi faciles à observer que ceux des boulets; car ce dernier, en frappant le sol, détermine un jet de terre qui indique nettement son point de chûte, tandis que le shrapnel, qui éclate en l'air, ne laisse pas de traces au moyen desquelles on puisse estimer exactement la distance du point d'éclatement au but qu'on veut atteindre.

Il peut en être ainsi en campagne, mais l'objection n'a plus de valeur quand le shrapnel est tiré en mer; car le jet d'eau produit par chaque balle est facilement perceptible, même aux portées les plus considérables, et le lieu du maximum d'effet, situé un peu en avant du point d'explosion, peut être facilement distingué par les flots d'écume qui résultent de jets nombreux et très-rapprochés les uns des autres.

La durée de la fusée et la hauteur du point où l'explosion doit avoir lieu, sont réglées d'après la hausse. On peut cependant dire que les trois conditions d'où dépend un bon tir sont une des fonctions de la distance, et que la connaissance de celle-ci est essentiellement nécessaire.

Il faudrait de nombreuses expériences pour déterminer exactement les relations qui lient ensemble la hausse, la durée de la fusée et la hauteur à laquelle l'explosion a lieu ; il faudrait encore une instruction pratique spécialement destinée à familiariser les officiers avec le tir des shrapnels, afin qu'ils pussent employer avantageusement cette espèce de projectiles

Le mode de dispersion des balles, après l'explosion des shrapnels, donne le moyen de compenser les erreurs commises dans l'appréciation des distances. Ces balles ont, jusqu'au moment de l'explosion, la même vitesse que le shrapnel, puis elles se dispersent en formant une gerbe conique ; la rencontre de cette gerbe avec le sol produit une ellipse dont le grand axe situé dans la trace horizontale du plan du tir, est d'autant plus long que la trajectoire est plus rasante.

Sans doute, il y a dans cette ellipse un point de

maximum d'effet ; mais l'examen de la surface sur laquelle les balles sont dispersées, suffira pour convaincre l'observateur que, malgré la réduction du lieu du maximum d'effet des balles à un point déterminé, cet effet ne diminue pas sensiblement à une petite distance de ce point, et que le tir est encore efficace quand les objets à atteindre s'en éloignent assez pour s'approcher du périmètre de la surface de dispersion des balles.

Les expériences ne mettraient pas ce fait en évidence si elles n'étaient suffisamment détaillées. Celles qui ont été faites aux Etats-Unis pour graduer les hausses pourront servir à le constater.

On disposa à cet effet, sur des châssis verticaux distants l'un de l'autre de 50 yards, trois écrans ou cibles en mousseline, dont la hauteur était de 10 pieds et la longueur de 20 ; puis on plaça à 545 yards de la première cible une chaloupe de frégate portant sur l'avant un obusier de 12, pesant 750 livres.

La charge était d'une livre et la hausse d'environ 1 p°, 5, car le mouvement de l'embarcation excluait l'usage d'un instrument propre à la mesurer.

Le shrapnel chargé pesait en moyenne 11 liv. 4, et renfermait 108 balles de fusil (de 17 à la livre) avec 4 onces de poudre.

La durée des fusées était réglée à deux secondes, et on les prit parmi celles destinées au service ordinaire.

On tira huit coups et on obtint les résultats inscrits dans le tableau suivant :

Résultats du tir à Buschet des shrapnels
N° 4
545 Yd
645 Yd

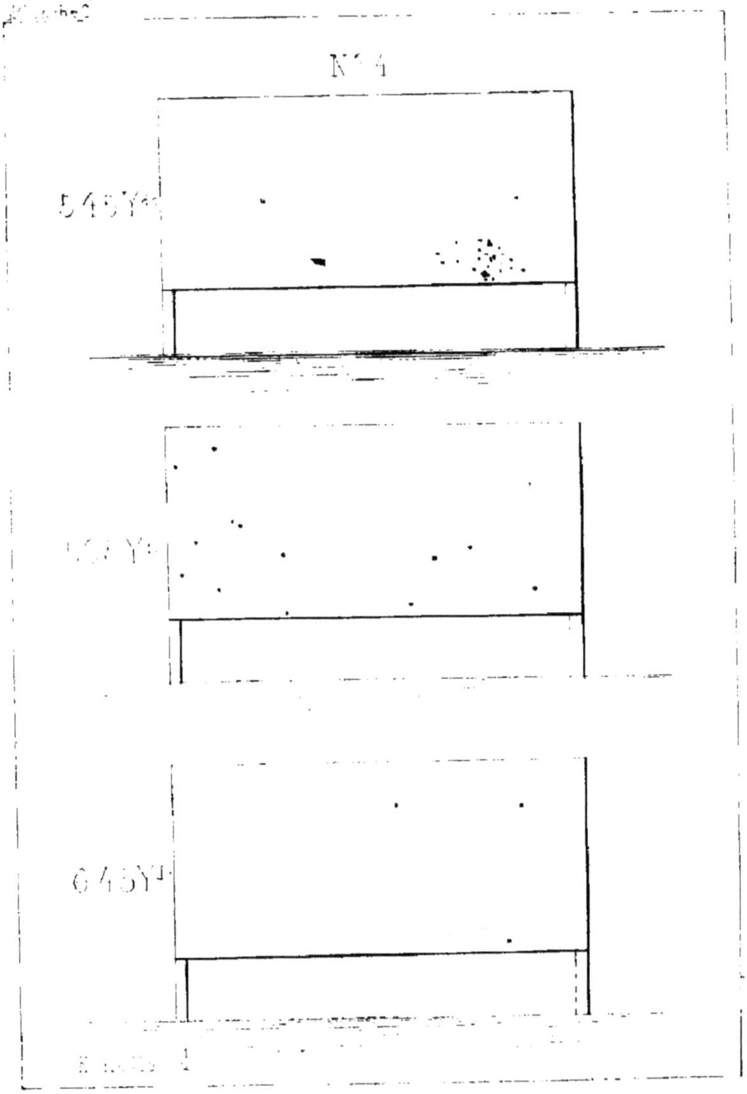

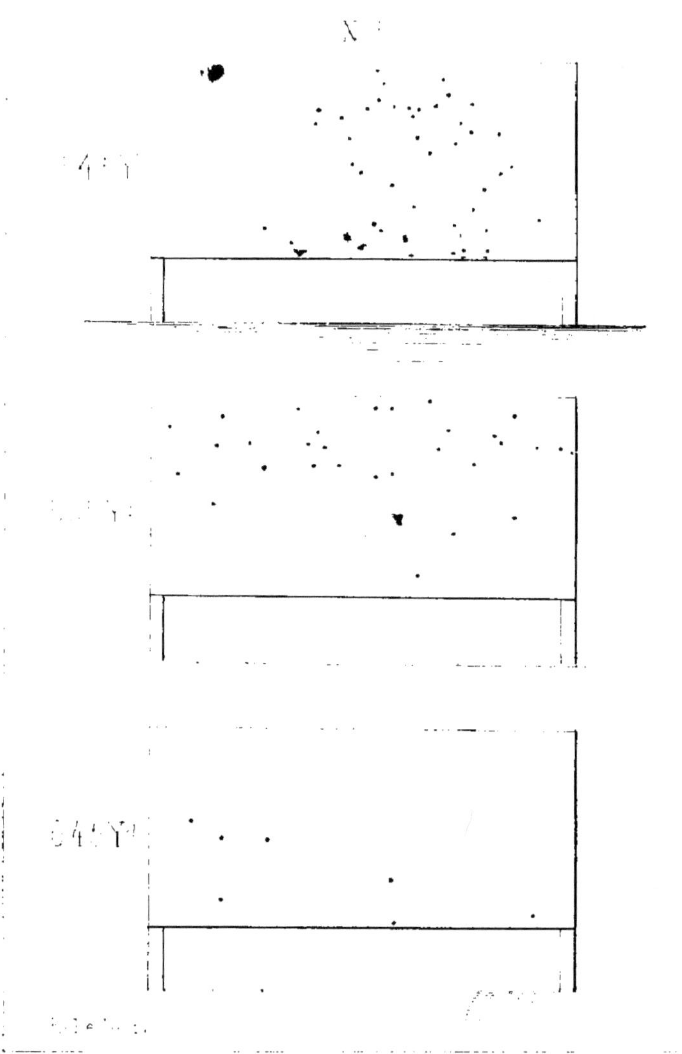

Résultats du tir de plein fouet des Shrapnels

| NUMÉRO des Coups. | 1er Bond. | EXPLOSION. | | | NOMBRE DES BALLES qui ont traversé le | | | PORTÉE extrême. |
| --- | --- | --- | --- | --- | --- | --- | --- | --- |
| | | Distance du bateau. | Distance du 1er écran. | Hauteur au-dessus du pied de l'écran. | 1er écran. | 2e écran. | 3e écran. | |
| | Yards. | Yards. | Yards. | Yards. | | | | Yards, |
| 1 | 580 | Pas d'éclatement. | | | 1 | 1 | 1 | » |
| 2 | | 474 | 71 | 14 3/4 | 16 | 11 | 4 | 1767 |
| 3 | | 474 | 71 | 16 | 35 | 11 | 9 | 1582 |
| 4 | 524 | 556 | 9 | 2 | 25 | 12 | 2 | » |
| 5 | | 497 | 48 | 18 | 51 | 50 | 7 | 1747 |
| 6 | | 558 | 12 | 4 3/4 | 1 | 1 | 6 | 1680 |
| 7 | | 558 | 57 | 2 4/5 | 1 | 25 | 10 | 1794 |
| 8 | 419 | 453 | 92 | 3 1/4 | 15 | 8 | 8 | 1756 |
| Moyenne. | | | | | 18 | 12 | 6 | |

L'accroissement de la dispersion des balles quand la distance augmente est mise en évidence par le nombre de celles qui ont traversé chaque cible, car la moyenne des huit coups décroît d'un tiers pour 50 yards et de deux tiers pour 100 yards.

Cette expérience permet d'apprécier l'influence sur les résultats d'une erreur dans le règlement de la fusée, car, lors même que cette erreur serait assez grande pour avancer de 100 yards le point d'explosion, plusieurs balles atteindraient le but.

Après les explosions, les balles ont toujours été en avant. Au septième coup le shrapnel traversa la première cible sur laquelle il produisit l'effet d'un boulet, puis il éclata 15 yards plus loin, et dispersa ses balles sur la seconde cible.

Les effets du tir à ricochet étaient satisfaisants, autant qu'on peut le conclure des expériences précédentes. En général, on peut se fier à la fusée dans le tir à ricochet sur l'eau, car sur neufs coups une seule a manqué son effet.

Ce nombre de coups est évidemment trop restreint pour en conclure avec certitude, relativement au but, la position du point où le shrapnel doit éclater pour produire le maximum d'effet. En général il sera avantageux, dans le tir sous de petits angles, de le prendre le moins haut possible au-dessus du but.

Le général prussien Decker s'exprime à ce sujet de la manière suivante :

« D'après les expériences précédentes, la distance

du point d'éclatement au but qui a donné de bons résultats, quand les shrapnels sont tirés avec le canon, varie selon les portées de 60 à 150 pas (50 à 129 yards), et la hauteur du point d'éclatement de 4 à 15 pieds. Les renseignements relatifs au tir des shrapnels avec les obusiers manquent; tout ce qu'on sait est que, selon les portées, la distance varie de 75 à 150 pas (64 à 129 yards) et la hauteur de 10 à 20 pieds. »

Les « bons résultats » dont il est fait ici mention peuvent être considérés comme des approximations relatives au maximum d'effet. Il ne peut y avoir de doute, comme le prouvent les faits rapportés par cet écrivain militaire, que toutes les distances en avant du but, peuvent être augmentées sans modifier beaucoup les effets des shrapnels. La hauteur du point d'explosion, au contraire, ne doit pas varier d'une manière sensible, très-heureusement on peut l'observer avec précision du lieu où l'on tire, et la modifier de manière à obtenir les meilleurs résultats.

Les troisième, quatrième et cinquième coups tirés dans les expériences, dont il a été précédemment question, auraient selon toute probabilité, mis hors de combat les hommes voisins des cibles. Les deuxième et huitième coups auraient produit un effet décisif; le sixième coup aurait produit son effet sur la troisième cible, le septième sur les deuxième et troisième cibles; enfin le premier se serait comporté comme un boulet.

Le fait suivant peut donner une idée des effets que produirait un tir en salve, exécuté par huit embarcations en bataille, qui seraient opposées à un pareil nombre mis en ligne par l'ennemi.

La force vive conservée par les balles suffisait, dans chaque expérience, pour traverser les bordages de sapin, d'un pouce d'épaisseur, qui étaient respectivement placés derrière chaque cible, et cependant la distance du point d'explosion à la troisième cible atteignit quelquefois jusqu'à 150 yards.

Les opinions émises au sujet de l'utilité des shrapnels par leurs partisans et leurs adversaires, ne méritent pas une égale confiance. Néanmoins on peut dire que les autorités anglaises sont très-favorables aux nouveaux projectiles, tandis que chez les Français, l'opinion leur est presque hostile, mais pas, cependant au point de les rejeter avant d'avoir préalablement étudié la question. Il y a au contraire de fortes raisons de croire que cette question a été étudiée et approfondie secrétement en France, pendant plusieurs années; de soite que probablement les shrapnels feront, avant longtemps, partie des approvisionnements de ce pays. On lit en effet, dans une publication récente (1), dont l'authenticité des documents est in-

_______________

(1) Nouveau système d'artillerie de campagne de Louis-Napoléon Bonaparte, par le capitaine Favé.

contestable, la phrase suivante : « Les shrapnels sont sur le point d'être adoptés en France d'après l'exemple de plusieurs artilleries européennes. »

Les objections les plus fréquemment faites contre l'emploi des shrapnels sont : les nombreux cas où ils ne produisent pas leurs effets. Mais elles paraissent peu admissibles quand on considère le tir des projectiles ordinaires par l'artillerie légère. Car, sauf de petites exceptions, elle est très-disproportionnée avec les résultats produits.

Thiroux (1) après avoir cité plusieurs exemples des effets destructifs d'une artillerie bien employée, fait la remarque suivante : « Mais, contrairement à ces terribles effets, combien de coups tirés en vain, principalement dans l'attaque et la défense des places? On pourrait facilement citer beaucoup de cas où de longues canonnades n'ont amené aucun résultat. »

Le commentateur (2) du général Decker écrit de son côté : « Il ne faut pas perdre de vue qu'à la guerre, il n'y a guère en moyenne qu'un coup sur cinquante qui porte. »

A l'appui de ces opinions, on possède des faits

---

(1) Thiroux, instruction sur l'artillerie.

(2) Capitaine Favé.

rapportés par des écrivains qui méritent toute confiance. On peut ainsi mettre en regard le nombre des coups de canon tirés par l'artillerie française dans quelques-unes des grandes batailles où son action a été la plus vive, et le nombre des ennemis tués ou blessés; c'est ce qu'on a fait dans le tableau suivant pour les batailles de Wagram et de Leipsick :

| Noms des batailles. | Nombre de coups tirés par l'armée française. | Ennemis tués ou blessés. |
| --- | --- | --- |
| Wagram. . . | 80,000 | 25,000 |
| Leipzick . . . | 200,000 | 42,000 |

Mais, quand on observe que le canon seul ne cause pas ces ravages, mais que le fusil, la bayonnette, le sabre contribuèrent aussi à cette moisson de cadavres, on peut se faire une idée de la grande quantité de boulets, d'obus et de boîtes à balles qui ont été inutilement tirés.

Les deux exemples que nous avons cités, choisis parmi les plus sanglantes batailles livrées par Napoléon, montrent d'une manière incontestable que son génie incomparable savait manier l'artillerie aussi bien que les autres armes. A l'instant précis, Napoléon concentrait rapidement, et avec une extrême précision, les plus énormes masses sur le vrai point d'attaque; et, quand le moment décisif arrivait, il déployait, avec la célérité de l'éclair, une puissante réserve formée d'une centaine de bouches à feu.

Quand les projectiles en usage produisent si peu d'effet, est-il raisonnable de mépriser les shrapnels et de les rejeter, parce que les expériences ont prouvé qu'ils ne remplissent pas quelquefois leur objet, et d'admettre que dans le service ordinaire ils se comporteront plus mal.

Ne serait-il pas plus judicieux de perfectionner la confection et l'usage de ce projectile par des expériences et de considérer les résultats actuels comme un point de départ pour les progrès ultérieurs, plutôt que d'accepter aveuglément sa supériorité d'après de simples allégations ou de déprécier, par trop de scepticisme, ses qualités probables.

# CHAPITRE VI.

## COMPOSITION DES SHRAPNELS.

On réduit l'épaisseur des parois de l'obus au minimum nécessaire pour le mettre en état de résister à l'explosion de la charge de poudre de la bouche à feu. On la réduit ainsi pour augmenter le plus possible la capacité intérieure de l'obus, qui doit contenir les autres éléments du shrapnel. Cette épaisseur dépend beaucoup de la qualité du fer, et on doit faire tous ses efforts, quoiqu'il en coûte, pour obtenir des obus fondus avec le meilleur métal et la plus grande précision possible. Car telle fonte très-convenable pour faire des boulets et même des obus ordinaires, pourrait ne rien valoir pour les shrapnels.

L'expérience, d'ailleurs, a fait reconnaître que l'épaisseur des parois de l'obus-shrapnel devait être fixée à *un dixième* environ du diamètre extérieur du projectile. L'obus, coulé avec ces données, pèse à peu près la moitié du boulet plein du même calibre.

La forme sphérique n'est pas la seule qui ait été donnée aux shrapnels ; on en a aussi faits d'oblongs en Norwége, et en forme de poire dans le Wurtemberg.

La charge de poudre destinée à faire éclater l'obus doit être la plus petite possible. Quelques artilleurs sont, au contraire, portés à croire que la charge de l'obus a quelqu'influence sur la vitesse des balles ; mais l'opinion générale est qu'elle se borne seulement à produire l'explosion de l'enveloppe sphérique. Plusieurs artilleries ont fixé à 4 onces la charge du shrapnel de 12, et il est probable qu'elle est tout à fait suffisante pour le faire éclater ; c'est la charge adoptée pour les shrapnels de l'armée de terre, et dans les expériences faites avec les obusiers à bateaux, il ne s'est pas présenté un seul cas où elle ait été insuffisante pour produire l'explosion.

Tout l'espace qui, dans l'intérieur de l'obus, n'est pas occupé par la poudre, l'est par des balles. On préfère celles de plomb à celles de fer, à cause de leur plus grande densité, et d'autres raisons qui les ont fait généralement adopter. On n'est pas d'accord sur le calibre le plus avantageux, mais on emploie généralement les balles de fusil de 17 à la livre, quoiqu'on ait essayé les balles de 14 et de 22 à la livre.

Dans notre artillerie maritime, les shrapnels de 12 ont 80 balles (pesant 4 livres 2/5) et ceux de 24 en ont 175 (pesant 10 livres 1/2).

En Angleterre, la charge d'éclatement est de 4 onces 1/2, et le poids des balles moindre que celui que nous avons adopté.

Quelquefois les balles s'agglomèrent par l'effet du tir. On a remarqué cette agglomération dans des shrapnels qui avaient ricoché sur le sable et dont les fusées étaient éteintes. Dans l'un d'eux, les balles formaient une masse compacte. Cependant, on a toujours remarqué que les balles se dispersaient après l'explosion de l'obus, de sorte que la charge adoptée pour ce dernier paraît posséder le pouvoir de les désagréger suffisamment lorsqu'elles ont été agglomérées ensemble. On a trouvé accidentellement deux balles accolées ensemble parmi celles qui avaient été tirées sur une cible en chêne ; mais la plupart avaient perdu la régularité de leur forme et présentaient de singulières altérations.

On s'accorde généralement à admettre qu'il est facile, avec un peu d'attention, de faire des shrapnels satisfaisant aux conditions posées pour l'épaisseur des parois de l'obus, le nombre des balles et la charge de poudre destinée à produire l'explosion. Mais le dernier élément, la fusée, fécond sujet de discussion, exige le concours de la plus savante théorie et de la pratique la plus consommée pour arriver à un résultat satisfaisant.

La fusée est un artifice qui a déjà été l'objet de profondes recherches de la part des officiers d'artillerie des différents états. Les résultats obtenus ont été plus ou moins heureux, mais sont restés assez loin du degré de certitude suffisant pour permettre de dire qu'il reste encore plus à faire qu'on a fait jusqu'ici (1). Mais un fait qui doit rassurer, c'est que la pyrotechnie militaire n'a, jusqu'ici, fait que peu ou point de recherches rationnelles ; il n'existe, en effet, qu'un seul traité sur ce sujet important, encore a-t-il été récemment publié.

Une des conditions essentielles auxquelles une fusée doit satisfaire est : *une inflammation assurée.*

La surface de la composition qui doit être mise en contact avec la flamme provenant de l'explosion de la charge de la bouche à feu, est quelquefois dure et unie, d'autre fois poreuse et rugueuse ; enfin, cette surface sert de soutien à une mèche d'étoupille engagée en partie dans la composition elle-même, afin de donner plus de prise à la flamme. Cependant on doit dire que dans la pratique aucun de ces moyens desti-

(1) « La bonne solution est encore à trouver. » DECKER.

nés à faciliter l'inflammation n'a présenté de supériorité sur les autres, et que tous produisaient à peu près le même nombre de ratés.

Ces faits s'expliqueront, si l'on considère l'intensité de la flamme produite par la charge d'un canon, et l'instantanéité avec laquelle elle enveloppe le projectile; il semble en effet probable qu'une matière moins combustible que la composition des fusées prendrait feu, si elle se trouvait placée dans une position analogue à celle de ces dernières dans le tir.

Ainsi, dans les fusées on doit préférer à tous les autres modes d'amorce, les surfaces d'inflammation qui sont dures et unies, parce qu'elles sont moins altérables par l'humidité, qui à la mer est très-destructive, et à laquelle les amorces, ou les compositions terminées par des parties poreuses peuvent difficilement résister.

Il est difficile d'assigner une cause satisfaisante aux irrégularités des diverses espèces de fusée. C'est un fait incontestable, car les plus chauds partisans d'une fusée ne pourraient eux-mêmes affirmer que son emploi offrit plus de garanties qu'une autre (1).

---

(1) « Car chez ceux mêmes qui croient la posséder, (la meilleure fusée) il se présente toujours soit des ratés ou des explosions qui se font trop tôt ou trop tard. »

Les défauts des fusées se manifestent généralement près de la bouche à feu.

La seconde condition requise par les fusées, est : *la régularité de la combustion.*

Il semble encore plus difficile de satisfaire à cette condition, et cependant elle est presque aussi importante que la première.

Les shrapnels lancés par le canon possèdent en certaine partie de leur trajectoire, une vitesse de 1,200 à 1,800 pieds par seconde. Par conséquent une différence inappréciable dans la durée de la combustion des fusées peut en produire une considérable dans les portées. Ainsi une variation d'un *quart de seconde* produirait une erreur de 100 yards, la vitesse étant de 1,200 pieds par seconde, et une de 50 yards si la vitesse était de 600 pieds.

Celui qui voit accidentellement les procédés suivis dans la fabrication des fusées, croit qu'il est très-facile d'obtenir la régularité de combustion. Decker de son côté assure que ce but peut être atteint par un artificier intelligent.

Cependant la vérité est qu'il est impossible d'obtenir des colonnes de composition, *chargées et brûlées dans la direction de leur longueur,* qui ne donnent, pour des longueurs égales combdurées, des différences de temps s'élevant à une notable fraction de seconde; fait dont je me suis assuré par la combustion de plusieurs centaines de fusées.

Parmi les détails relatifs à l'usage des fusées que

Decker, critique assez sévère, admet sans difficulté, nous noterons ces variations dans la durée des fusées.

Elles ne lui ont pas échappé, mais il les attribue à une certaine action de l'atmosphère exercée pendant la combustion et dont la loi est inconnue. Il est toutefois difficile, de se rendre compte des motifs qui ont déterminé son opinion car il les passe sous silence.

Le meilleur moyen d'obtenir une combustion régulière, est de tasser par la pression la composition des fusées et de transmettre le feu par une ouverture transversale.

La troisième condition essentielle consiste dans *la fixation de la fusée* sur le projectile, de manière à ce qu'elle ne soit pas chassée dans l'intérieur de ce dernier ou brisée par le choc produit par l'explosion de la charge.

Quand l'obus est brisé dans l'âme de la bouche à feu, il est difficile quelquefois de reconnaître si la rupture a pour cause : la force de la charge ou l'explosion prématurée due à l'enfoncement de la fusée.

Quoique la vitesse imprimée aux shrapnels tirés avec les obusiers, ne dépasse pas généralement 1,000 pieds par seconde, on pense que cette explosion doit être attribuée à la faculté d'être enfoncée dans le projectile, que la fusée acquerrait dans un tir à de plus fortes charges. Cependant l'opinion générale est que les effets des shrapnels augmentent avec la vitesse initiale, parce que, celle qu'ils conservent est plus grande à distance égale, et que cette vitesse est communiquée aux balles de leur intérieur, lesquelles sont supposées quitter leur obus avec celle dont il est animé à l'instant de l'explosion.

La forme de quelques fusées les rend, en effet, susceptibles d'être chassées dans l'intérieur de l'obus, et, quelquefois même, il est extrêmement difficile d'empêcher ce grave accident; d'autres fusées, au contraire, peuvent être regardées comme possédant les propriétés nécessaires pour les prévenir, et méritent, sous ce rapport, d'être étudiées avec soin.

On admet généralement une troisième cause d'éclatement de l'obus, qui serait l'inflammation de sa charge intérieure produite par un violent frottement des balles à l'instant où le projectile se met en mouvement. Mais les preuves émises à l'appui de cette hypothèse sont insuffisantes pour la faire admettre. La cause la plus probable de la rupture des shrapnels consiste, soit dans la mauvaise qualité du métal de l'obus, soit dans l'enfoncement de la fusée

Les dispositions prises dans les divers pays pour obtenir des fusées satisfaisant aux conditions nécessaires à leur précision, tantôt reposent sur des principes différents, tantôt diffèrent dans les détails d'application. L'intérêt particulier avec lequel la question des fusées a été partout étudiée, les expériences auxquelles elle a donné lieu devant des souverains et de hautes notabilités militaires, sont des preuves évidentes de l'importance qu'on attache à sa solution.

Il est utile de faire un court exposé des systèmes de fusée, en prévenant, toutefois, que malgré les renseignements puisés aux meilleures sources, dans les pays étrangers, l'on ne doit pas y avoir une confiance absolue; car, selon toute probabilité, les points les plus importants sont restés secrets. L'expérience de la guerre peut seule mettre en évidence les résultats que l'on attend des perfectionnements apportés aux shrapnels. Cependant, quand un inventeur a publié les procédés de fabrication de la fusée, le moyen d'en faire usage, cette publication peut toujours fournir quelques précieux documents.

Une classe de fusée a pour caractère distinctif la forme cylindrique donnée à la colonne de composition; l'axe du cylindre est en général celui du corps de fusée.

Dans cette classe, il faut ranger les fusées anglaises, dont le corps fait en hêtre est percé d'un trou cylindrique destiné à recevoir la composition. Chaque shrapnel a un assortiment de quatre fusées. Trois sont pour les distances de 650, 900 et 1,000 yards, et la quatrième est destinée à être réglée selon les circonstances. Au moment de tirer, on choisit celle qui paraît la plus appropriée à la distance probable du but, ou bien l'on enlève un peu de composition avec un perce-fusée si cette opération est nécessaire, puis la fusée est aussitôt fixée dans l'œil du projectile.

La fusée norwégienne du capitaine Helwig dérive du même principe général que la fusée anglaise ; mais elle diffère de celle-ci par quelques détails de construction. La composition est tassée dans un tube en papier qu'on coupe selon la distance du tir, et qu'on place ensuite dans un corps de fusée de bois préalablement fixé sur le projectile.

La fusée du capitaine belge Splingard, fondée aussi sur le même principe que les précédentes, en diffère par le mode d'application. La composition est tassée dans un petit tube en cuivre d'environ 1 p°, 25 de longueur, qu'on place au moment du tir dans un corps de fusée fixé d'avance sur le projectile. Ce corps est muni, à sa partie supérieure, d'une couronne de liége destinée à soutenir la tête de la fusée et à empêcher celle-ci d'être chassée dans l'obus par suite du choc provenant de l'explosion de la charge de la pièce. Les détails d'exécution de cette fusée sont ingénieux et on serait porté à admettre qu'elle remplit les conditions indispensables à un bon service.

Ces trois exemples suffiront pour donner une idée des fusées de cette classe qui, avec quelques modifications, ont été essayées dans les principales artilleries de l'Europe.

Une autre classe de fusées, dont le principe diffère de celui des précédentes, a pour type la fusée du colonel Bormann, de l'artillerie belge.

Les discussions auxquelles elle a donné lieu suffiraient pour constater son mérite ; mais nous avons mieux encore, nous avons les résultats d'un service ordinaire.

La composition est enfermée dans un canal de forme circulaire creusé dans un cylindre métallique. Une des extrémités de la couronne de composition affleure la surface supérieure du cylindre et reçoit une amorce composée de pulvérin et de mèche à étoupille. Cette amorce est allumée par l'explosion de la charge du canon. L'autre extrémité de la composition communique à une petite chambre placée à la partie inférieure de la fusée et remplie de poudre grenée, dont l'explosion doit transmettre le feu à la charge intérieure du projectile.

Le corps métallique de la fusée est taraudé en vis près de la partie inférieure, de manière qu'il y ait trois pas complets, et on le visse dans l'œil de l'obus.

La composition placée dans le canal circulaire de la fusée est couverte d'une plaque mince, faite avec un métal tendre ; cette plaque porte des divisions dont chacune correspond à une durée de combustion égale à une fraction de seconde. Quand on tire, l'amorce supérieure doit toujours être découverte afin d'être exposée à la flamme des gaz ; la fusée, dans ce cas, a la plus grande durée possible. Si la distance à laquelle on veut tirer correspond à une durée plus petite, on enlève avec un instrument spécial la partie de la plaque couvrante qui

est comprise entre la division même où cette durée
se trouve inscrite en secondes, et celle où se trouve
l'amorce. Le feu se communique alors instantané-
ment à toute la partie de la composition, qui a été
découverte, soit immédiatement, soit par le moyen
de l'amorce.

Les expériences auxquelles ces fusées ont été
soumises sont très-nombreuses et les résultats obtenus très-satisfaisants, quoiqu'ils aient excité les criti-
ques amères d'un écrivain militaire aussi sceptique que
savant. Cependant, l'opinion d'un juge aussi indépen-
dant que compétent (le major Jaques), est que l'ingénieux et très-honorable inventeur de la fusée a été vic-
time d'attaques injustes, tandis que sa position et son
caractère auraient dû rendre ses détracteurs plus
courtois et plus circonspects.

Le grand mérite de ces fusées n'a pas trouvé de
contradicteur sérieux, même parmi ceux qui en
préfèrent d'autres. Le principe de ces fusées a été
accueilli avec faveur par plusieurs artilleries et ses
applications modifiées dans un but d'amélioration.

Les uns ont supprimé le petit magasin à amorce
placé à la partie supérieure, espérant fermement que
la partie de la composition découverte, par l'enlèvement d'une partie de la plaque, prendrait feu malgré
son tassement. D'autres ont réduit la chambre inférieure à un petit canal dans le but de mieux projeter
la flamme dans l'intérieur de l'obus. On a fait aussi
quelques légers changements dans la forme de la pla-

que qui recouvre la composition afin d'en faciliter
l'enlèvement au moyen du sécateur. On a encore essayé d'éviter l'emploi d'un instrument pour couper la
plaque couvrante. A cet effet la composition est battue dans un cylindre isolé et mobile dans une gaîne.
La surface inférieure de la composition se meut au-
dessus d'une ouverture qui communique avec la chambre et transmet le feu à l'instant fixé en tournant convenablement le cylindre de la composition.

Tous ces perfectionnements ont pour objet d'amé-
liorer l'application du principe fondamental, mais ne
l'infirment nullement, et ne nuisent point aux droits
de son ingénieux inventeur.

Le détail de ces améliorations, l'exposition de plusieurs autres idées théoriques, relatives aux fusées
demanderaient des notices spéciales, ce qui étendrait
trop cette brève esquisse destinée seulement à indiquer ce qui concerne notre service.

Ce coup-d'œil sur la théorie et la pratique des fusées suffira pour montrer que toutes les artilleries at-
tachent une extrême importance à la possession d'une
bonne fusée. On admet que toutes seraient presqu'égales en moyenne dans un long service, mais
ce n'est pas démontré.

La fusée adoptée pour les shrapnels dans la marine
des États-Unis, est celle de l'armée de terre qui
a été l'objet de nombreuses expériences, et conservée après avoir subi l'épreuve décisive de la
guerre.

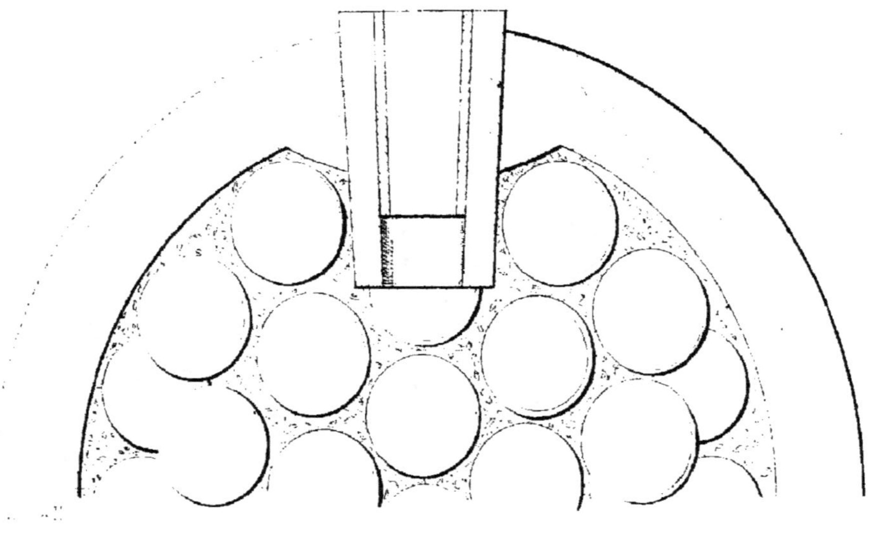

Section d'un Shrapnel de 19
pour les Obusiers à Bateaux.

Elle consiste en un corps de bois de hêtre qui est fixé dans l'œil de l'obus préalablement chargé, et disposé de manière à recevoir un tube de papier renfermant la colonne de composition.

Il est indispensable de choisir avec grand soin le bois de la fusée, et de le travailler avec précision de manière qu'il s'adapte parfaitement à l'œil du projectile. sans cette précaution, la fusée serait projetée dans l'intérieur du projectile à l'instant de l'explosion de la charge de l'obusier, ce qui produirait un éclatement prématuré, accident que j'ai vu souvent arriver malgré tous les soins apportés aux divers détails de la confection des shrapnels

La fusée dépasse la surface de l'obus de 0 p°,¹ (*Manuel de l'artillerie*) et le tube de papier, enfoncé avec le pouce dans le corps de fusée le dépasse d'environ 0 p°,15.

La pratique a fait reconnaitre qu'il suffit après avoir enfoncé le tube de papier dans le corps de fusée, d'en briser le bord pour faciliter l'inflammation. Il est inutile de gratter la composition pour atteindre ce but, car la flamme allume une fusée coupée en deux et enfoncée dans le corps en bois quoique la partie supérieure soit d'un quart de pouce au-dessous de la surface de l'obus.

Chaque shrapnel a cinq fusées réglées pour une, deux, trois, quatre et cinq secondes. Elles sont distinguées par des bandes noires égales en nombre à celui des secondes de durée; elles sont réunies dans un sac en papier imperméable, et au moment du tir on place dans l'obus celle qui convient à la distance du but.

Si la durée ne paraît pas convenir à la distance on l'obtient, alors, en enlevant un peu de composition à la partie inférieure des fusées de 3" 4" 5", où à la partie supérieure de celles de 1" et 2" parce que ces dernières sont forées à la partie inférieure et qu'alors il faudrait enlever la composition à une trop grande profondeur pour en diminuer la durée.

Ces dispositions sont très-simples en principe et suffisent au service actuel ; mais elles exigent de la part des artificiers chargés de la confection des fusées une grande habileté pratique, beaucoup de précision dans leurs manipulations, et toujours un sévère examen des produits avant de les recevoir dans les magasins. Néanmoins on ne peut parvenir à faire disparaître tous les inconvénients que nous avons signalés précédemment.

Les compositions employées pour les fusées sont les suivantes :

Fusée de 1" — poudre à mousquet — forée à la partie inférieure sur une profondeur de 0p",65
  »    2" —       id.           id.    —    0p",30
  »    3" —       id. 14 parties   salpêtre 3 parties.
  »    4" —       id.  5   »      »   2   »
  »    5" —       id. 35   »      »  16   »

Ces renseignements seront généralement de peu d'utilité à bord des navires, à cause du grossier procédé en usage pour pulvériser les matières et opérer leur mélange. Aussi faudra-t-il s'attendre à des résultats tout à fait différents de ceux que nous avons annoncés. Le meilleur moyen de faire des fusées, si l'occasion se présentait, serait d'employer la poudre en réduisant sa vitesse de combustion par une addition convenable de salpêtre.

Corps de fusée pour les obus de 12 et de 24.

Longueur de la fusée. . . . . . . . . 1p°,35

DIAMÈTRE EXTÉRIEUR.

à la tête . . . . . . . . . . . 0p°,95 ⎰ inclinaison de la gé-
                                        ⎱ nératrice du cône
en petit bout. . . . . . . 0p",75 ⎰ 0p",15 pour 1 p"

DIAMÈTRE INTÉRIEUR.

à la tête . . . . . . . . . . . 0p",50 ⎰ inclinaison de la gé-
                                        ⎱ nératrice du cône
en petit bout. . . . . . 0p",45 ⎰ 0p",05 pour 1 p"

LOGEMENT PRÊT A RECEVOIR LA FUSÉE.

Longueur. . . . . . . . . . . . . . 1p",00

Diamètre. ⎰ à la tête . . . . . . . . 0p",50 ⎰ inclinaison de la gé-
          ⎱ vers le petit bout. . . 0p°,45 ⎱ nératrice 0p",025
                                            pour 1 p"

Les obus destinés aux canons des bateaux reçoivent aussi un pareil assortiment de ces fusées.

# CHAPITRE VII.

## CHARGES.

Les charges destinées aux obusiers sont les suivantes :

2 liv. 0    pour l'obusier de 24,
1 liv. 0    —    —    de 12 moyen,
0 liv. 625 —    —    de 12 léger.

Les bouches à feu peuvent évidemment résister à de plus fortes charges, mais il n'est pas sûr que les affûts, les assemblages et le bâteau lui-même, résistent aux chocs violents produits par le recul de pièces si légères, et qu'un tir continu avec de plus fortes charges ne les mette hors de service.

Le poids de chaque obusier (en prenant pour unité celui de son projectile en usage qui est le plus lourd), est indiqué dans le tableau suivant :

L'obusier de 24 liv. pèse     55
     —          12 moyen      65
     —          12 léger      36

Le recul violent des caronades peut servir à donner une idée de la limite des charges qu'il ne faut pas dépasser avec les obusiers, pour être à l'abri des effets destructeurs du tir.

D'après Beauchamps et Adye, les relations qui existent entre les poids des charges et ceux des caronades, sont les suivantes :

|  | POIDS DE LA CARONADE. | | POIDS DE LA CHARGE. |
|  | en livres. | en poids du boulet. | en livres. |
| Caronade de 24 livres | 145 | 61 | 2 |
| Caronade de 12 livres | 54 | 54 | 1 |

Ce tableau met en évidence la nécessité des petites charges, quoique les boîtes à balles et les shrapnels demandent les plus fortes en usage, même celles du tiers du poids du projectile. Car, l'effet de ces deux genres de projectiles, dépend principalement de la vitesse qui leur est communiquée par la charge de poudre de l'obusier, tandis que celui de l'obusier ordinaire dépend essentiellement de la force explosive de sa charge intérieure. Pourvu que celui-ci arrive au point où il doit éclater, peu importe la vitesse qu'il possède alors, pourvu qu'il éclate parmi des troupes non abritées. Mais il arrive souvent, surtout dans les expéditions maritimes, que l'ennemi est protégé par des navires du commerce massés dans ce but, alors les petites charges seront insuffisantes, surtout avec des obusiers d'un si faible calibre.

En résumé, il y a une tendance générale à tirer les shrapnels avec les plus fortes charges possibles. De sorte que, si l'expérience montrait que l'assemblage des affûts sur les bateaux, que les bateaux eux-mêmes résistent au tir exécuté avec des charges supérieures à celles qui ont été adoptées primitivement, il faudrait aviser à les augmenter. Mais cette augmentation ne devrait pas, toutefois, être faite à la légère et d'après des expériences trop précipitées.

### *Hausses.*

Il semble naturel d'employer les mêmes signes pour représenter les hausses et les durées, à cause de la relation intime et nécessaire qui existe entre elles dans le tir des shrapnels. Car, la hausse détermine l'inclinaison de la bouche à feu convenable à la trajectoire que le projectile doit décrire pour atteindre le but proposé, et la fusée règle l'instant de l'explosion, de manière qu'elle ait lieu au moment où le shrapnel occupe une position déterminée dans l'espace.

Je suis, par conséquent, très-porté à considérer la méthode anglaise de marquer les hausses, comme la mieux appropriée au tir des shrapnels, car elle est

la plus pratique et par conséquent celle qui se prête
le mieux à l'animation des combats.

La hausse anglaise est graduée en intervalles de
temps, qui correspondent à ceux qui sont nécessaires au projectile pour arriver aux points d'explosion.
On inscrit, près de chaque division, les deux distances
entre lesquelles doit s'opérer la dispersion des balles de shrapnels.

Ainsi, lorsque la fusée est réglée pour 2", on
donne à la bouche à feu une inclinaison correspon-
dante à la hausse 2" Dans ce cas, le shrapnel écla-
tera à 500 yards environ de la bouche à feu, et dis-
persera ses balles en avant, jusqu'à une distance
considérable qui dépassera 150 yards.

Le tir des shrapnels avec les obusiers à bateaux,
n'a pas été exécuté sur une échelle suffisante pour
régler les hausses et les durées des fusées correspondantes aux différentes distances en usage. Mais les
solutions pratiques de ces importantes questions sont
poursuivies avec autant de rapidité que les circonstances le permettent.

Quand même ces questions seraient résolues, il
faudrait seulement les considérer comme des données générales, destinées à servir de guide à l'officier
intelligent, appelé à faire usage des shrapnels ou des
obus, contre des troupes découvertes. Il y a toujours,
en effet, une fraction de seconde, dont la sagacité
peut disposer, pour rendre les effets des shrapnels
plus ou moins efficaces.

# CHAPITRE VIII.

## USAGE DES BOÎTES A BALLES, DES OBUS ET DES SHRAPNELS.

On admet en général, conformément à la pratique, que les boîtes à balles doivent toujours être employées en campagne, toutes les fois que des masses sont exposées au feu à découvert et à une distance telle que les balles ne perdent pas leur efficacité, soit par la dispersion, soit par la perte de vitesse. Cette distance varie évidemment avec les diverses bouches à feu.

Il faut aussi se rappeler que beaucoup de balles ricochent et que si la surface du sol ou de l'eau est ondulée, l'efficacité des boîtes à balles s'étendra moins loin.

Les terribles effets des boîtes à balles ont été rendus manifestes dans plusieurs circonstances de l'expédition de Buena-Vista ; par exemple, quand il s'agit de repousser la division qui attaquait la position défendue par la batterie de Washington, et surtout quand les réserves furent réunies par Santa-Anna vers la fin de la journée. A ce moment critique, la batterie de Bragg et plusieurs autres tinrent en échec une colonne de 5,000 à 6,000 hommes, et contribuèrent à la repousser avec une grande perte, avec l'aide des régiments du Mississipi et d'Indiana.

Quand les troupes sont hors de la bonne portée des boîtes à balles, on est dans l'usage d'employer le tir à obus. Mais, comme on l'a vu précédemment, il est actuellement question de remplacer ces projectiles par les shrapnels qui réunissent les propriétés spéciales des deux projectiles précédents, et par conséquent possèdent sur eux une supériorité marquée.

Avec les deux espèces d'obus, la régularité de la fusée est élément essentiel, de sorte que les chances de ratés ou d'explosions intempestives sont sensiblement les mêmes.

Aussi, en supposant que des troupes soient exposées, à découvert, au feu des obusiers, il faudra principalement avoir égard aux considérations suivantes :

1° Aux [illegible] [illegible] les shrapnels [illegible] l'hypothèse d'une
explosion [illegible].

Les objets [illegible] ces projectiles
peuvent [illegible] de pro-
fondeur, par [illegible] qu'une troupe déployée ou en
colonne, une flottille de bateaux présentant le flanc
ou l'avant.

Le shrapnel de 12 contient 80 balles de fusil qui
à l'instant de l'explosion de l'obus, possèdent comme
on l'a dit, la même vitesse que lui, et les expériences
précédemment citées font connaître le nombre probable des balles qui atteindraient les bateaux, tête
de colonne et ceux qui les suivent. La force vive que
ces balles conservent, les rendrait certainement
dangereuses, à plus de 150 yards du point d'explosion contre un front d'une pareille étendue.

D'un autre côté, comme l'épaisseur des bordages
des embarcations est trop faible pour loger un obus
et subir son explosion, on voit que ce projectile sera
seulement efficace s'il disperse ses éclats au milieu
de l'équipage, ou s'il coule bas l'embarcation. La
force vive acquise par les éclats d'obus, qui sont
moyennement au nombre de douze ou treize, dépend de l'explosion d'une demi-livre de poudre. Les
éclats postérieurs, dont la vitesse sera neutralisée
par celle du projectile, seront presque sans effet ;
quelques-uns recevront un mouvement ascensionel
presque vertical, de sorte qu'ils arriveront à terre

avec une vitesse peu différente de celle que la gravité leur aurait communiquée. La plupart des éclats seront ainsi inefficaces, tandis que les 80 balles de fusil du shrapnel continueront en avant leurs trajectoires sans éprouver d'autre perte de vitesse que celle qui est due à la résistance de l'air (1).

Ces considérations reposent sur les résultats obtenus avec les cibles successives.

2°. Les difficultés qui empêchent d'obtenir avec exactitude l'explosion des obus et des shrapnels sont communes à ces deux projectiles, et exercent par conséquent la même influence dans leur tir.

L'obus doit éclater presqu'à l'instant du premier ricochet, ou pendant qu'il décrit ses bonds, mais il est aussi essentiel de déterminer l'époque de son explosion que celle des shrapnels, car toute erreur

----

(1) Les phénomènes sont beaucoup plus complexes que le pense l'auteur. Quand l'obus éclate, les balles prennent chacune une direction et une vitesse qui dépendent de leur position dans l'obus, des chocs qu'elles reçoivent, de l'action de la charge de poudre sur elles au moment de l'explosion, de la vitesse de l'obus, etc. Chaque balle décrit donc une trajectoire particulière variable dans chaque cas, mais l'explosion et le mouvement des balles ne troublent pas celui du centre de gravité du shrapnel, fait important qui, selon moi, devrait servir de base à la théorie du tir des shrapnels (Martin de Brettes.)

dans l'estimation de ce moment est préjudiciable aux effets de ce projectile. Lorsqu'on tire sur une colonne de troupes ou d'embarcations, on a une grande latitude pour déterminer l'instant favorable de l'explosion. Il en est ainsi quand on tire des shrapnels, leur action peut s'étendre de la tête à la queue de la colonne, ou bien on peut les faire éclater en ricochant quand ce genre de tir peut paraître efficace. Quand on tire sur une troupe déployée des obus ou des shrapnels, il est nécessaire que la durée de la fusée soit réglée avec une grande précision, quel que soit celui de ces deux projectiles dont on fasse usage. Le peu de profondeur du but dans la direction du tir oblige en effet, de resserrer entre d'étroites limites les variations inséparables du réglement des fusées.

5° Les expériences, citées précédemment, ont montré les conséquences des éclatements prématurés. D'où il résulte, qu'un septième des balles d'un shrapnel serait efficace, quand même celui-ci éclaterait à 100 ou 120 yards en avant du but. Dans de semblables circonstances, les éclats de l'obus de 12 seraient presque inoffensifs.

Il est probable qu'il y aurait quelque petite différence entre les effets produits par le tir de plein fouet et par le tir à ricochet.

L'explosion du projectile manque complètement son objet quand elle a lieu au-delà du but à atteindre, que le projectile soit un obus ou un shrapnel.

On peut enfin établir en faveur des shrapnels, qu'ils ont manqué de circonstances favorables pour lever les doutes relatifs à leurs inconvénients ; tandis que l'obus de l'artillerie légère est, comme on sait, peu estimé par les autorités compétentes qui rapportent les résultats qu'il a produits en campagne.

« L'expérience montre que quand les obus éclatent en l'air, même à une petite distance du but, peu ou point d'éclats atteignent ce dernier ; d'où vient que leur importance, comme moyen destructif contre les troupes, a diminué depuis quelque temps, et qu'ils pourraient bien être peu à peu remplacés par des shrapnels. L'effet de l'obus comme projectile, et celui tout moral produit par le jet de flamme de la fusée, bien faible pour les troupes qui ont vu le feu, ne peuvent être acceptés comme raisons suffisantes pour faire admettre l'obus avec le shrapnel dans les équipages de campagne (Moritz-Meyer).

Mais quand l'ennemi sera abrité, par exemple par des caisses de marchand, ou des petits bateaux, on quand il s'agira de détruire quelque objet matériel, alors on pourra remplacer avec avantage, les shrapnels par des obus.

# CHAPITRE IX.

## DISTANCE DU TIR.

Quelles que soient les circonstances dans lesquelles on fait feu, quels que soient les projectiles dont on se serve, on ne saurait éviter assez de tirer à de trop grandes distances.

On accepta jadis avec empressement le moyen de décider les combats, mis en usage par les marins habitués à suivre les maximes de Nelson. Alors, le tir à la distance du but en blanc, admis par les marins de cette école, paraissait-il satisfaire à tous les besoins du service.

Aujourd'hui, au contraire, on admet généralement

que les changements survenus dans l'artillerie depuis
cette époque, donneront au canonnier habile et expérimenté le moyen de conserver au tir des bouches à
feu, une efficacité suffisante bien au-delà de leur but
en blanc naturel. Les résultats des débats qui ont eu
lieu à ce sujet, ont partagé les opinions. Les uns,
restent fidèles aux anciennes maximes, les autres, en
plus grand nombre, se rangent du côté des idées
nouvelles. Il est cependant fort à craindre que le
manque d'expérience du tir des boulets et des obus
n'entraîne à des erreurs très-préjudiciables, en faisant
exécuter le tir à des distances si grandes, qu'il y
ait peu de chances d'atteindre le but.

Cela peut, en effet, faire éprouver de grands mal-
heurs, et entraîner des conséquences funestes, surtout relativement à une juste appréciation de la puissance de l'artillerie. Car, lorsque cette arme est mal
employée, non-seulement elle produit peu d'effet,
mais elle ébranle encore la confiance de ceux qui
l'ont employée, et augmente celle de ceux contre
lesquels le feu est dirigé.

La portée efficace des bouches à feu de l'artillerie
de campagne (et peut-être de presque toutes les autres), doit être limitée à 1200 ou 1300 yards. L'expérience et l'opinion générale sont d'accord pour
confirmer cette assertion. On lit, par exemple, dans
l'*Aide-mémoire* de l'artillerie française, publié par
le comité de cette arme, en 1844, les remarques suivantes, à propos des portées des bouches à feu :

« Au-delà de 1200 mètres, le tir est peu efficace et ne doit être exécuté que dans des cas exceptionnels. Les portées qu'on donne ici, ont seulement pour objet de montrer la puissance des bouches à feu. »

La table qui est accompagnée par cette observation contient non-seulement les portées de pièces analogues à celles des obusiers à bateaux, mais encore celle des obusiers de 22 centimètres et des canons de 24.

Le texte des cours faits à l'école militaire de Saint-Cyr, contient aussi le passage suivant :

« Le tir de l'artillerie devrait être lent, pour être exécuté avec précision, quand la distance dépasse 600 à 700 mètres ; il devrait cesser, quand l'ennemi est au-delà de 1000 ou 1200 mètres. Car, celui-ci, éprouvant peu de pertes, sentirait son courage augmenter et pourrait pousser avec vigueur une pointe en avant. A 600 mètres et en deçà de cette distance, le feu devrait être vif, parce que le tir est sûr, mais c'est seulement à l'instant décisif qu'il devrait acquérir la plus grande rapidité possible. Car, une consommation prodigue des munitions épuiserait, en quelques heures et presqu'au commencement d'une affaire, les approvisionnements destinés à une campagne.

« Nous ferons observer que la règle du tir devrait être d'un coup par minute, au plus, car, avec cette vitesse de tir, le double approvisionnement d'une pièce de 8, qui est de 416 coups pour une campagne, serait consommé en sept heures. Il convient d'admettre, qu'un tir rapide est exceptionnel ; qu'en général, le feu doit être exécuté lentement, pour qu'il produise avec quelque certitude, le plus grand effet possible avec la moindre consommation de munitions. »

On lit, dans le *Manuel de l'Artilleur*, par le général d'Urtubie, le passage suivant : « Les munitions sont toujours consommées inutilement, quand on tire sous des angles supérieurs de 5° à 6°, parce que les canons longs comme les courts, sont sans justesse aux grandes portées, et qu'on fait beaucoup de bruit en pure perte. Avec les pièces de campagne, la plus grande inclinaison ne doit pas excéder 2° 30'. »

D'après le colonel Piobert (*traité d'artillerie*), « le tir, pour être efficace, ne devrait pas être exécuté sous une inclinaison avec le sol, plus grande que 2°. Il faudrait pointer directement, mais un peu bas, aux distances qui n'excédent pas 900 à 1000 mètres ; au-delà, il conviendrait de tirer à ricochet sous l'angle de 1°, jusqu'à 1600 ou 1700 mètres. Ce sont des distances limites pour un tir exécuté sur un terrain favorable.

« Le même officier dit aussi : « Que le feu ne doit pas être trop précipité, surtout quand on n'a pas la certitude de pouvoir remplacer immédiatement ses munitions ou de produire un effet tout-à-fait décisif (1). »

---

(1) Ces observations sont relatives aux pièces de campagne qui ont une portée et une puissance plus grandes que les obusiers.

Heureusement, ce défaut de tirer trop loin a un correctif auquel il faut se soumettre, quand il s'agit des obus et des shrapnels. En effet, la durée de leurs plus grandes fusées n'excèdant pas 5" ; elles ne peuvent être employées pour des portées correspondantes à des temps plus considérables, de sorte, que celles-ci ont ainsi une limite supérieure. Il convient, cependant, de faire rarement usage de ces portées extrêmes, non-seulement à cause des difficultés d'apprécier la distance, inconvénient commun au tir de tous les projectiles, mais encore parce que l'axe de l'ellipse, qui contient les balles dispersées par le shrapnel, est considérablement diminué dans la direction du tir, et que la fusée elle-même, peut ne pas s'allumer ou s'éteindre comme toutes celles, dont la vivacité de la composition a été affaiblie pour augmenter les temps de combustion. Cette diminution de vivacité est [en effet nécessaire, car la longueur de la fusée de shrapnel est limitée par la nécessité de la mettre à l'abri du choc des balles qui l'écraseraient ou la briseraient.

# CHAPITRE X.

## ARMEMENT DES EMBARCATIONS.

Les moyens employés pour monter les obusiers sur les embarcations, les manœuvres nécessaires pour leur service, pour les embarquer, les désembarquer, etc., seront peut-être mieux compris en en faisant l'application à la chaloupe de frégate, disposée pour ce service, qui a été employée aux expériences.

L'embarcation avait 54 pieds et demi de longueur et un bau maximum de 11 pieds un quart. Elle était du reste, construite sous tous les rapports pour le service ordinaire et n'a été réformée que parce qu'un long service l'avait rendue impropre à tenir la mer.

L'affût-à-bateau avait été placé sur l'avant de manière que la tranche de la bouche de l'obusier s'élevait exactement au-dessus du bordage, et n'avança pas jusqu'à l'étrave. On disposa deux pièces en jeune pin en travers de la chaloupe de manière à soutenir l'affût à la hauteur déterminée ; il reposait en croix sur elles dans son mouvement de rotation autour de l'étrave. Les madriers qui couvraient l'avant et l'arrière de l'embarcation n'étaient pas fixés d'une manière invariable, ils pouvaient s'enlever à volonté quand on devait manœuvrer l'obusier. Chacune des deux pièces de fer, fixée aux extrémités de la directrice de l'affût, était réunie à volonté avec une pièce en fer solidement boulonnée sur le bordage de l'avant et de l'arrière.

Le mouvement de rotation de l'affût autour de l'étrave et de l'étambot est limité par la forme de l'embarcation. Il était d'environ 60° à l'avant et plus considérable à l'arrière, avec la chaloupe dont il est question. Deux plaques à pivot placées de chaque côté du bâteau, à l'avant et à l'arrière, donnent le moyen de donner la direction désirée à l'affût préalablement réuni avec la plaque fixée à l'étrave ou à l'étambot.

La distance du boulon de la plaque d'étrave à chacun des pivots de bordage, et celle qui sépare ces derniers sont égales entr'elles et à l'écartement des trous percés dans les plaques fixées aux extrémités de la directrice; les pivots sont ainsi placés au som-

Pivots et Traverses Placées sur l'avant des Chaloupes de Frégates

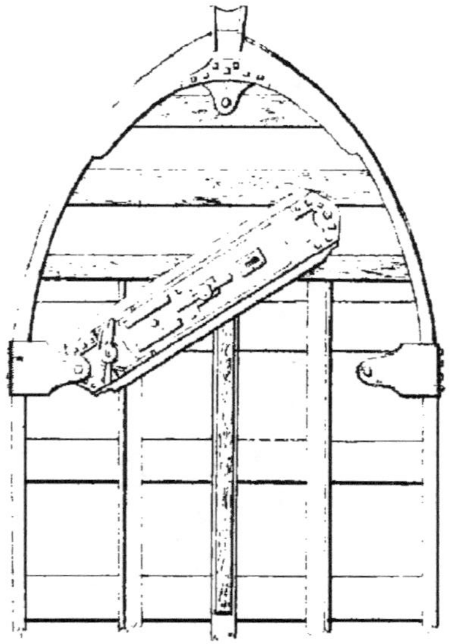

Plan de L'affut Pivotant sur l'avant

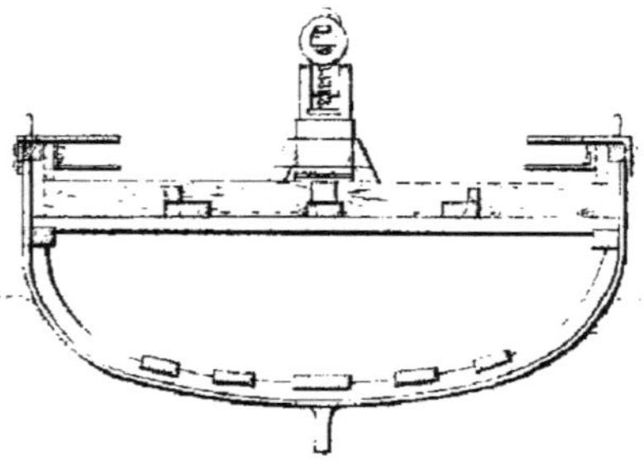

Coupe Transversale

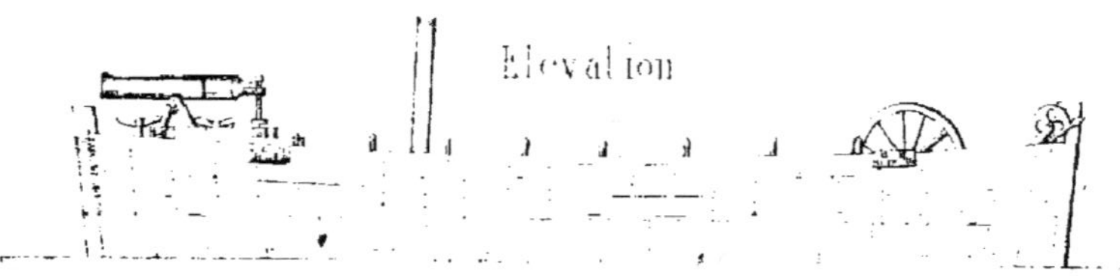
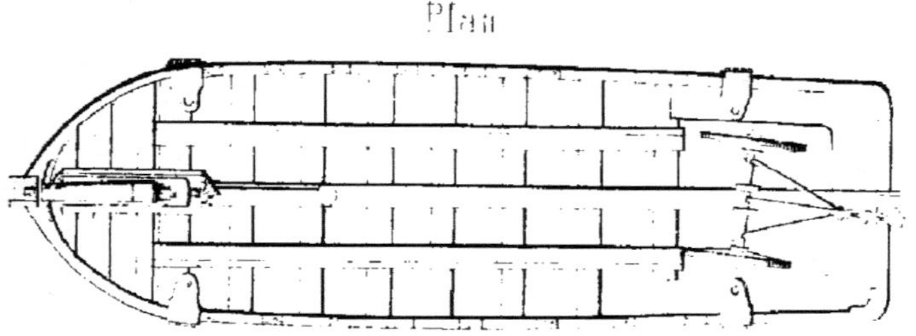

Chaloupe de Frégate
Elevation
Plan

met d'un triangle équilatéral, et cette disposition
permet, et rend plus prompte la manœuvre nécessaire pour changer la direction du feu de l'obusier.

Si le feu doit changer de direction, on amène
l'extrémité postérieure de la directrice vers le bordage opposé et on la réunit avec la plaque à pivot voi-
sine. On sépare ensuite, de la plaque d'étrave, l'extrémité antérieure de la directrice et on la fait
tourner autour de l'autre qui est fixe, jusqu'à ce
qu'elle soit dans la direction voulue. Si l'obusier doit
changer de direction autour d'un pivot de bordage,
on fixe l'autre extrémité de la directrice au bordage
opposé; puis, on fait faire un demi tour à l'affût et à
l'obusier, comme on l'a indiqué au chapitre IV.
L'affût est soutenu, dans ce mouvement de rotation,
par une échantignolle de jeune pin qui est placée
dans l'axe du bateau et assemblée avec la dernière
avec des traverses.

Les dispositions adoptées pour le service de l'obusier placé à l'arrière sont analogues aux précédentes,
mais la manœuvre y sera toujours plus facile qu'à
l'avant, parce qu'il y a beaucoup plus d'espace.

Si un débarquement paraît nécessaire, on place,
selon les circonstances, l'affût de campagne sur l'a-
vant ou l'arrière; si c'est à l'arrière les roues reposent sur le fond de l'embarcation, et celle d'avant-
train sur le bordage, vers l'étambot. Quand on voudra
débarquer, le bateau abordera par l'avant ou par
l'arrière, selon les circonstances. On établira dans

la longueur, une voie composée de deux madriers pour les roues de l'affût et d'un troisième entre les deux autres pour celle d'avant-train. On aura soin d'enfoncer dans le bordage des boulons à œil destinés à recevoir les crochets de deux forts chantiers maintenus à l'intérieur par des crampons de fer.

Quand la chaloupe atteint le rivage, ce qui ne peut avoir lieu que par un temps assez calme, deux hommes sautent aussitôt pardessus le bordage, portant chacun un chantier qui est fixé au bateau par un homme de l'équipage. En même temps, l'affût de campagne est roulé vers l'obusier auquel on enlève la vis de pointage; puis, on place sur la directrice un chantier destiné à servir d'appui à la volée dans la suite de la manœuvre. On passe ensuite une corde dans l'anneau de brague ou dans la gorge du bouton de culasse, pour former une couronne dans laquelle on engage un levier; on ôte alors le boulon-tourillon et deux hommes, à l'aide du levier, soulèvent la culasse de manière que l'affût puisse passer au-dessous et se placer sous le support tourillon. On abaisse alors la culasse, on fixe la pièce sur l'affût, et on replace la vis de pointage.

Il arrivera fréquemment que la pièce tournera un peu pendant qu'on la soulèvera et que le support-tourillon ne pourra se placer, par conséquent, entre ses deux oreilles quand on abaissera la culasse. On remédiera, avec facilité, à cet inconvénient par un procédé bien simple; il suffira tout simplement d'en-

gager dans l'anneau de brague, un barreau de fer ou
de bois avec lequel on ramènera la pièce à la position qu'elle devrait avoir.

Huit ou dix hommes sautent alors dans l'eau, ceux
qui restent roulent la pièce sur les chantiers et la font
descendre en la retenant par une corde attachée à
l'avant-train ; les hommes débarqués disposent les
chantiers et modèrent la descente de la pièce en agis-
sant sur les rais des roues. Quand elle atteint le fond
on lui fait faire un demi-tour et on la conduit sur le
rivage.

Le temps nécessaire pour faire passer l'obusier
de son affût-à-bateau sur celui de campagne, ne dépasse pas 45", cette manœuvre est généralement
exécutée en moins de temps, elle l'a été en 30" avec
des hommes exercés. Le temps nécessaire pour débarquer la pièce, dépendra des circonstances. Quand
la côte sera bonne, la mer peu agitée et l'équipage
exercé, ce débarquement se fera en moins de *deux*
minutes.

Les faits suivants sont extraits des expériences
faites à ce sujet.

A la haute mer, le rivage était accessible, mais
non sans difficultés. La chaloupe était vivement
poussée vers le rivage, la pièce faisait feu au moment de l'aborder, était ensuite mise sur son affût de
campagne, débarquée avec lui, amenée sur le rivage,
mise en batterie et faisait feu.

A la première expérience, il s'écoula *trois minu-*

*les* entre les deux feux; à la seconde, l'intervalle fut de *deux minutes.*

Les résultats de la troisième expérience ont été présentés dans le rapport de la manière suivante :

Lundi, 9 juin 1851.

Le commodore Morris, chef actuel du bureau de l'artillerie et le commodore Warrington, qui alors occupait ce poste, accompagnés par le commodore Ballard, directeur de l'arsenal de la marine, s'embarquèrent dans la chaloupe pour examiner eux-mêmes les dispositions prises pour l'armement de l'embarcation.

On poussa au large vers midi, et la chaloupe s'éloigna du quai d'environ un demi-mille.

L'obusier de 12, du poids de 750 livres, était placé sur l'avant; le feu s'ouvrit par le tir d'un shrapnel sans arrêter la marche de la chaloupe. La hausse était de 2 p. à 2 pouces 2, et la durée de la fusée de 2''.

Ensuite on tira une bordée de huit coups, en faisant pivoter l'affût; la hausse était de 1 pouce à 1 p 2, et la durée de la fusée de 1''. La pièce fut ensuite pointée de but en blanc dans la direction indiquée par le commodore Morris, afin d'expérimenter le tir à ricochet.

On poussa ensuite vers le rivage et on débarqua.

On mit le feu à une étoupille placée dans la lumière de l'obusier, au moment où l'on touchait la rive. L'obusier fut ensuite placé sur son affût de campagne et débarqué avec lui. Les matelots, portant chacun un coup dans son sac à charge, traînèrent la pièce à environ trente yards de l'eau, la mirent en batterie, et mirent le feu à une étoupille après l'avoir placée dans la lumière. Les maisons et la foule ne permirent pas de tirer réellement dans cette dernière expérience.

Le temps du débarquement, égal à celui qui s'écoula entre les instants où le feu fut mis aux deux étoupilles, a été de 1 minute 42 secondes.

Le rembarquement s'opéra par des manœuvres analogues mais inverses.

Le temps écoulé pour ce rembarquement, mesuré aussi par l'intervalle qui séparait l'inflammation de deux étoupilles, a été de 1 minute 52 secondes.

On peut aussi donner un exemple où la manœuvre s'est exécutée dans des circonstances moins favorables, le fond étant mauvais, et une partie de l'armement défectueux par suite de négligence. Au moment où la chaloupe était poussée au large, le patron retira du bordage un boulon à œil brisé (boulon destiné au maintien des chantiers), et il était trop tard pour le réparer; cet accident fût cause d'une bonne leçon.

En abordant, les hommes franchirent le bordage selon l'usage; le fond était assez mou pour qu'ils s'enfonçassent assez pour avoir de l'eau jusqu'à la ceinture, et elle était assez vaseuse pour gêner leurs mouvements. Malgré toutes les précautions qui furent prises, le boulon à œil, placé à gauche de l'avant ne put supporter le chantier qui tomba, quand la pièce était à moitié descendue. La roue gauche tomba alors dans la vase; et comme il n'était pas possible de soulever à bras un poids aussi considérable, on renversa l'affût sur l'obusier de manière à diriger l'avant-train vers le rivage. La roue droite qui était restée sur le chantier fut ensuite renversée par-dessus l'autre, de sorte que l'obusier se trouva sur son affût avec l'avant-train dirigé vers le rivage. On attacha une amarre à l'avant-train, mais la vase était si adhérente, que la force de 16 hommes était insuffisante pour amener la pièce sur le rivage, quoique les roues éprouvassent peu de résistance. De larges plaques de boue se détachaient de l'obusier et de son affût, à mesure qu'il avançait. Cette manœuvre dura environ vingt minutes, malgré cela la bouche à feu était en bon état, les munitions des sacs à charge étaient sèches, et tout était disposé pour l'action. Le rembarquement ne fut contrarié par aucun accident, mais la vase fit durer sept minutes le temps nécessaire à cette opération. Cet équipage ne s'exposera probablement plus à de pénibles travaux faute d'un boulon à œil.

Il paraît avantageux, quand on débarque, de ne pas séparer l'obusier de son affût, car non-seulement la séparation rend l'obusier plus difficile à transporter, mais elle l'expose encore à des dégradations pendant qu'on le traîne sur la grève.

Quand la vague est forte et l'embarcation telle-
ment balancée qu'on ne peut sans danger risquer la
pièce sur les chantiers, on place l'obusier sur affût
de campagne qu'on amarre sous l'embarcation
avant que celle-ci s'éloigne du navire, puis quand on
s'est autant approché du rivage que le ressac le
permet, on attache rapidement à l'avant-train une
amarre qu'on envoie à terre, on coupe ensuite les
amarres qui fixent l'affût à l'embarcation, il s'en-
fonce alors jusqu'à ce qu'il atteigne le fond, puis les
hommes qui sont à terre le hâlent sur le rivage.

Il est cependant préférable d'employer des radeaux
quand la mer n'est pas assez calme, pour permettre
à l'affût de descendre le long des chantiers. Les res-
sources ordinaires d'un navire fourniront en abon-
dance les objets nécessaires pour l'établissement de
ces radeaux, et ce sera par conséquent une tâche très-
facile pour un marin d'en faire construire qui soient
appropriés aux circonstances.

# CHAPITRE XI.

## PRESCRIPTIONS POUR LE DÉBARQUEMENT.

Quand il sera nécessaire de recourir aux embarcations d'une escadre pour exécuter une opération maritime, le succès dépendra évidemment de l'instruction acquise par les matelots.

Si une circonstance de cette nature se présentait avant qu'ils aient vu embarquer l'obusier, il y a tout lieu de croire qu'ils ne sauraient comment l'emménager, et on ne saurait espérer qu'il le fut convenablement.

Alors, si une expédition, dans laquelle les obusiers à bateau auraient été employés, ne réussissait pas, il ne faudrait blâmer ni les matelots, ni les officiers de ce qu'un auxiliaire si puissant ait relativement rendu si peu de services par suite du défaut d'instruction des équipages.

On évitera des conséquences si funestes si l'on exerce fréquemment les matelots jusqu'à ce qu'ils soient familiarisés avec les détails des manœuvres, et ensuite aussi souvent qu'on le jugera nécessaire pour qu'ils en gardent le souvenir.

Les chaloupes devraient être mises à l'eau complètement armées de leurs obusiers et approvisionnées de munitions, etc. Il serait bon d'adopter un système normal de manœuvres, consistant : 1° à fixer l'affût à bateau sur ses divers pivots, et à tirer en blanc un certain nombre de coups à chaque position, en distinguant, s'il était possible, le tir des obus de celui des shrapnels ; 2° à transporter l'obusier sur son affût de campagne et à opérer le débarquement si on était près du rivage.

Les munitions et l'armement de la pièce doivent être examinés fréquemment et avec le plus grand soin, principalement pour s'assurer que les étoupilles, les fusées, les charges de poudre attachées aux obus, etc., n'ont pas été altérées par la moisissure ou les insectes. L'affût à bateau, la première fois qu'il est embarqué, peut pécher, sous le rapport de l'ajustage des diverses parties, parce qu'elles travaillent, à cause de leur exposition aux intempéries de l'air, et que par suite la directrice peut être gonflée. Il est facile de remédier à cet inconvénient en s'y prenant à temps. Les écrous des affûts de campagne doivent toujours être serrés, et ceux qui fixent l'extrémité des tirans sur le corps d'essieu être l'objet d'un examen tout particulier.

Quand l'occasion d'agir se présentera, l'officier désigné pour commander l'embarcation aura sous ses ordres un autre officier spécialement attaché au service de l'obusier et un maître canonnier chargé de surveiller le matériel et le service des munitions. Aussitôt que l'embarcation est débarrassée des canots, on s'occupe de placer et de fixer les pièces transversales destinées à supporter l'affût à bateau, de boulonner les plaques à pivot sur l'étrave, l'étambot, l'avant et l'arrière. Si l'on embarque un affût de campagne, il faut placer et boulonner les gîtes qui lui serviront de voie et disposer les chantiers à l'avant et à l'arrière. Le chantier de volée, le cordage à couronne et le levier destiné à soulever la pièce, en un mot tout doit être arrangé de la manière la plus convenable, avant que la chaloupe soit mise à la mer.

Pendant qu'on fait ces dispositions, on fait porter les munitions sur le pont du navire et on les examine avec le plus grand soin. Les obus et les shrapnels reçoivent alors leurs charges de poudre, qui sont :

| | | |
|---|---|---|
| de 4 1/2 onces | pour le shrapnel | de 12 |
| de 5 onces | pour l'obus | de 12 |
| de 6 onces | pour le shrapnel | de 24 |
| de 1 livre | pour l'obus | de 24 |

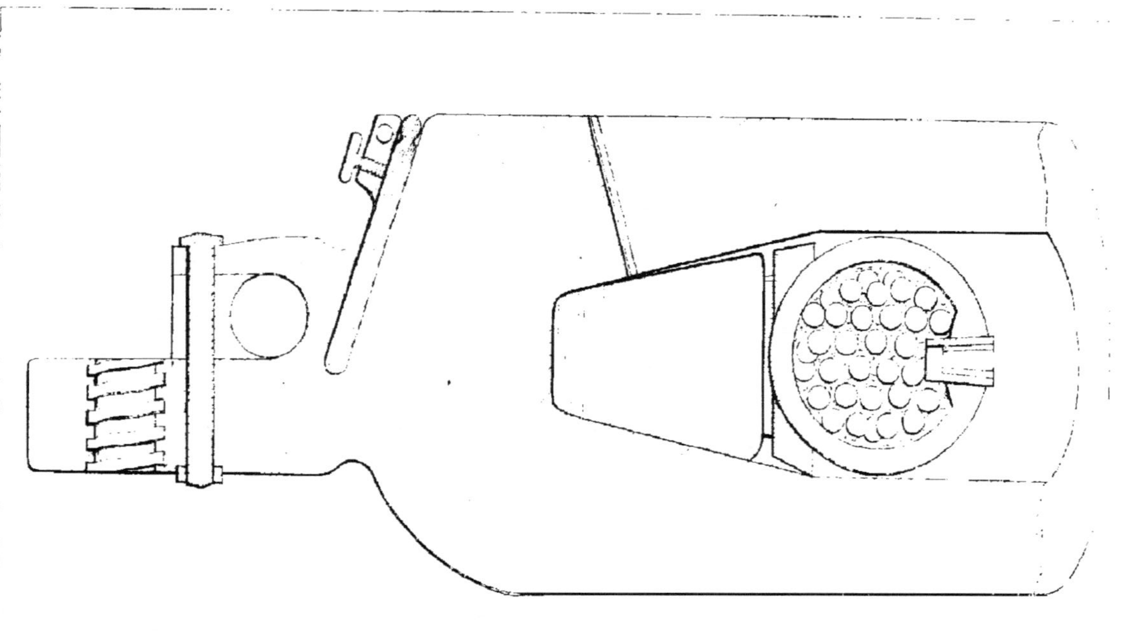

Section suivant l'axe de l'Observateur à Bateau

On emploie pour ce chargement des mesures spéciales. Quand on charge le shrapnel, il faut avoir soin de verser peu de poudre à la fois et de secouer l'obus pour la faire descendre, de manière que la charge entière soit au-dessous du corps de fusée. On place ensuite ce dernier et on en ferme l'ouverture avec un tampon d'étoupe.

Peu importe le nombre des obus qu'on chargera, parce qu'il est facile de retirer la poudre de ceux qui n'auront pas été tirés après les avoir rapportés sur le navire, cette opération ne s'exécute pas sans difficulté avec les shrapnels, aussi est-il convenable de n'en charger que le nombre nécessaire à l'action. Il ne faut jamais laisser de poudre dans les shrapnels, parce que le frottement des balles la réduit à l'état de pulvérin et détermine la séparation de ses éléments composants, de sorte que la charge, déjà réduite au minimum nécessaire pour faire éclater l'obus, devient insuffisante pour produire l'explosion.

Il est utile de prendre au magasin des grosses bouches à feu une réserve d'étoupilles et de la mèche à canon. Chaque caisse doit être munie d'une clef à dévisser attachée à une corde. Si l'on prend des écouvillons de rechange, il faut s'assurer qu'ils sont en bon état. La prolonge destinée à l'affût de campagne doit être solide et garnie d'un nombre suffisant de leviers.

Lorsque tout est convenablement arrimé dans

l'embarcation, l'équipage est suffisant et les agrès en bon état, elle est alors prête à pousser au large.

Si l'on veut faire un débarquement, il faut conduire cette opération en profitant de toutes les circonstances favorables, et toujours avoir présent à l'esprit que le plus grand obstacle qu'on puisse rencontrer est un ennemi résolu, car quelque célérité qu'on mette dans cette opération, même avec les matelots les plus exercés, le débarquement des bouches à feu exigera toujours quelques minutes pendant lesquelles leur feu cessera, et les troupes débarquées seront exposées à la violence de celui des ennemis sans pouvoir y répondre. Des forces très-inférieures à celles du débarquement, à un moment si décisif, peuvent non-seulement mettre hors de combat un nombre considérable de matelots, mais encore, entraver la marche en avant des troupes de débarquement et faire manquer le but à atteindre, car celles-ci s'affaiblissent des hommes mis hors de service par leurs blessures et de ceux qu'on laisse pour les garder.

Les difficultés d'un débarquement auquel l'ennemi s'oppose, même avec des forces peu considérables, sont mises en évidence par ce qui se passa dans le siècle passé (1758), lorsque les Anglais dirigèrent une expédition contre les colonies françaises du nord de l'Amérique. L'armée destinée à faire le siége de Louisbourg était forte de 12,000 hommes, tandis que la garnison française se composait de 3,200. L'histoire rapporte que :

« Le gouverneur avait pris toutes les mesures
« possibles pour s'opposer à un débarquement en
« établissant une chaîne de postes qui s'étendait
« jusqu'à deux lieues des points les plus accessibles
« de la côte. On y éleva des retranchements, on y
« établit des batteries, mais il y avait *quelques en-*
« *droits intermédiaires* qui n'étaient pas convena-
« blement défendus, et ce fut l'un d'entre eux que
« les Anglais choisirent pour opérer le débarque-
« ment de leurs troupes. »

. . . . . . . . . . . . . . . .

« Le 8 juin avant le point du jour, les troupes fu-
« rent réparties dans les embarcations qui formèrent
« trois divisions. Plusieurs corvettes et frégates fu-
« rent embossées le long des côtes, dans la baie de
« Gabarrus, et commencèrent le feu pour nettoyer
« le rivage. Après un feu d'un quart-d'heure envi-
« ron, les embarcations qui formaient la colonne de
« gauche (1), se dirigèrent vers le rivage, sous le
« commandement du brigadier-général Wolf, offi-
« cier très-expérimenté, qui dans la suite, donna

---

(1) Cette colonne était composée de grenadiers d'infanterie légère et des highlanders de Frazer.

« des preuves d'un génie militaire tout à fait extraor-
« dinaire. En même temps les divisions de droite et
« du centre, commandées par les brigadiers Whit-
« more et Laurence, simulèrent des débarquements
« pour tromper l'ennemi et diviser ses forces. Mal-
« gré un ressac violent qui fit chavirer plusieurs
« embarcations, malgré le feu bien nourri de la
« mousqueterie et des batteries ennemies, qui pro-
« duisit de grands ravages, le brigadier Wolf pour-
« suivit son opération avec une résolution et un cou-
« rage admirables. Ses soldats sautèrent dans l'eau
« avec un entrain remarquable, gagnèrent le rivage
« et attaquèrent l'ennemi avec tant de vigueur, qu'a-
« près quelques minutes il abandonna ses ouvrages,
« son artillerie et s'enfuit dans le plus grand désor-
« dre (1). »

On doit remarquer que :

1o Les forces anglaises étaient beaucoup supérieures à celles des Français, qui évidemment ne durent
disposer que d'une petite partie de la garnison pour
s'opposer au débarquement.

2o Il y avait plusieurs endroits dont la défense
était insuffisante, probablement parce que les soldats
manquèrent, et ce fut l'un deux que les Anglais choisirent pour débarquer.

---

(1) *Histoire de l'Angleterre* par Smollett, tome II.

3º La division d'attaque était composée de troupes d'élite et commandée par l'intrépide Wolf.

Les obstacles que les Anglais rencontrèrent, furent la violence du ressac et les écueils du rivage, qui était en partie défendu par les batteries des retranchements voisins.

Cependant, quoique ces obstacles aient pu compenser l'immense supériorité des assaillants, le général Wolf, dans une lettre confidentielle écrite au colonel Rickson, s'exprime ainsi :

« Entre nous, soit dit, notre entreprise pour débarquer où nous le fîmes, était peu judicieuse et téméraire, on ne devait pas selon moi, s'attendre au succès de l'entreprise, et nous ne le méritions pas. Il n'y a eu dans cette affaire aucun déploiement remarquable de courage ; *Un officier et trente hommes auraient pu empêcher le débarquement où nous l'avons opéré*. Nos manœuvres d'une autre part, étaient aussi lentes que cette entreprise était mal conduite et désespérée. Mais gardez pour vous seul ces observations.

C'est une énergique appréciation des hasards auxquels est exposé un débarquement en présence de l'ennemi, car aucun autre officier n'aurait été aussi capable que le jeune et intrépide général marchant à la tête de ses soldat, de faire réussir une pareille opération. Il termina peu de temps après sa brillante carrière à Québec, à peine âgé de 52 ans.

En parcourant la lettre de Wolf, on est naturellement conduit à reconnaître combien les chances de succès sont faibles, et combien il serait facile de transformer en tristes esquisses les brillants tableaux des débarquements décrits par les historiens, si l'on faisait ressortir les revers qu'ils considèrent comme des détails de peu d'importance.

On peut cependant employer avec avantage plusieurs moyens pour opérer un débarquement sans opposition. On peut y parvenir, si l'on se tient hors de la vue, ou si l'on est en vue, soit en se portant rapidement vers quelque partie du rivage où les embarcations arriveront avant les troupes de défense, soit en divisant ses forces pour faire de faux débarquements sur plusieurs points.

Si cependant, ces tentatives étaient sans résultat, il ne resterait plus qu'à opérer le débarquement, le plus promptement possible en présence de l'ennemi. A cet effet, il faudrait choisir la partie du rivage la plus favorable à la marche, une grève s'élevant progressivement, un fond sans rochers, sans pierres, et où le ressac est le plus faible possible, etc., mais toujours un endroit tel que l'ennemi ne trouve pas d'abri à plusieurs centaines de yards du rivage, afin qu'il reste exposé au feu de l'artillerie des assaillants.

Le meilleur moyen de débarquer les affûts de campagne avec un ressac, consiste à se servir de radeaux pour cette opération. On les construit facilement à bord avec des espars de rechange, des caillebotes soutenus par des caisses vides, des barils, etc.

Les pièces sont montées sur leurs affûts de campagne et les caisses à munitions portées par les essieux, sont bien garanties contre l'humidité et assujetties convenablement, pour que le mouvement du radeau ne leur imprime pas de trop fortes oscillations ; les matelots attachés au service d'une pièce l'accompagnent, portant chacun en bandouillière son sac à charge, muni d'un coup à obus ou à shrapnel ; deux forts grapins sont aussi placés sur le radeau.

Les bateaux et radeaux qui portent les troupes de débarquement, sont placés au milieu de la ligne de bataille. Les chaloupes destinées à appuyer l'opération, doivent être armées d'obusiers de 24 et placées aux extrémités de la ligne, mais un peu en avant, afin d'être embossées avant que les troupes d'embarquement approchent du rivage. Ces chaloupes devront généralement venir s'embosser à une distance du rivage telle, qu'il puisse être bien battu par la mitraille, c'est-à-dire à 200 ou 300 yards.

La disposition pour protéger les troupes de débarquement est de la plus haute importance. On disposera les chaloupes de manière qu'elles ne gênent pas la navigation des autres bateaux, pendant qu'elles feront feu contre la côte jusqu'au parfait établissement des troupes de débarquement.

A l'instant favorable, toutes les troupes doivent se

précipiter vers les endroits désignés pour le débarquement, d'après le plan de l'officier commandant. Les radeaux seront remorqués par les meilleures embarcations.

Si le ressac est trop violent, les chaloupes et les radeaux jetteront leurs grapins de manière à pouvoir accomplir leur objet en filant du cable selon le besoin. Comme les embarcations évitent (1) vivement, elles n'empêchent pas les chaloupes d'appui d'ouvrir leur feu contre toute troupe assez rapprochée pour s'opposer au débarquement.

On laisse filer les radeaux qui portent les affûts de campagne jusqu'à ce qu'ils atteignent le rivage. A l'instant même où ils touchent, les pièces sont vivement roulées à terre; on a soin de les charger préalablement d'un coup à balle si la position est critique, à cause du voisinage de l'ennemi; dans le cas contraire, on les charge après le débarquement.

En même temps les autres embarcations se laissent échouer sur la rive, et au moment où l'échouement a lieu, les matelots sautent dans l'eau, armés

---

(1) Terme de marine employé pour exprimer que l'embarcation manœuvre de manière à résister aux oscillations du courant.

de leurs fusils chargés et munis de leurs baïonnettes, de sorte qu'ils sont prêts à parer à tout événement imprévu. Si les ennemis se réunissent en masse vers les embarcations, les obusiers peuvent immédiatement avant le débarquement, tirer une ou deux boîtes à balles.

A cet instant critique, tout dépend de l'activité et de l'expérience des marins comme troupe d'infanterie, et de la rapidité du coup-d'œil des officiers qui les conduisent. Le service des obusiers demande du sang-froid et de l'ensemble, pas un coup ne doit être perdu. Les matelots des chaloupes d'appui doivent prendre bien garde d'atteindre leurs camarades lorsqu'ils s'approchent de l'ennemi.

Il peut arriver que, si l'ennemi essaye de marcher vers les troupes débarquées, sa ligne soit prise d'écharpe par les obusiers de 24. Alors s'il ne s'arrête pas, il faudra sans perdre de temps l'accueillir par un feu violent des obusiers de campagne tirant à mitraille, et par celui de la mousqueterie.

Les troupes débarquées doivent sans retard se hâter d'accomplir l'objet de l'expédition. Les servants de chaque pièce porteront deux coups dans leur sac à charge, si ces munitions paraissent insuffisantes, on suspendrait aux essieux des coffres à munitions.

Ceux qui resteront dans les bateaux se tiendront prêts à embarquer les troupes de l'expédition quand elles reviendront. Les embarcations et les radeaux qu'on a échoué doivent, par conséquent, être remis à flot, avoir viré de bord, et être tenus par des grapins le cap au large aussi loin que possible du rivage.

On pourra promptement construire, avec des sacs de toile, des sacs à pain ou des barils remplis de sable ou de terre battue, un retranchement. Armé d'un ou deux obusiers, il constituera un excellent point de ralliement et servira à protéger soit le rembarquement soit le débarquement de troupes de réserve.

On prendra toujours les meilleures dispositions possibles pour le rembarquement ; le choix de l'endroit le plus convenable pour opérer cette opération avec sécurité est encore plus difficile que celui du point de débarquement. L'insuccès du rembarquement aurait, en effet, des conséquences beaucoup plus désastreuses, parce qu'il compromettrait la vie de beaucoup d'hommes, et causerait la capture d'un grand nombre d'autres, ainsi que celle des bateaux laissés presque sans défenseurs, ce qui n'arriverait pas quant une tentative de débarquement serait repoussée.

L'expédition anglaise, dirigée en 1758 contre les côtes de France, offre un exemple des désastres que peut entraîner un rembarquement opéré dans des circonstances défavorables.

« La baie de Saint-Cas était défendue par un retranchement élevé par l'ennemi, afin d'empêcher le débarquement. Des deux côtés de cet ouvrage, il y avait des monticules de sable bordant le long du rivage, qui formaient pour l'ennemi un excellent abri, d'où il aurait pu causer de grands ravages lors du rembarquement. Aussi proposa-t-on au général de faire opérer le rembarquement un peu à gauche, entre Saint-Cas et Guildo, dans un endroit où la côte était tout-à-fait découverte, mais cette proposition fut écartée. »

Les Français attaquèrent l'arrière-garde, forte de 1,500 hommes, et firent 1,000 prisonniers, parmi lesquels était le général Drury, quoique les frégates fissent un feu très-meurtrier sur le rivage.

L'historien fait suivre le récit de cette expédition des remarques suivantes :

« S'il était nécessaire de continuer ce genre d'opérations si hasardeuses, les commandants de pareilles expéditions feraient bien de se rappeler, qu'il ne faut jamais opérer une descente dans un pays ennemi avant d'avoir pris les dispositions nécessaires pour assurer le rembarquement ; que la plus sévère discipline doit être maintenue pendant toute la durée de l'expédition ; que le général ne doit jamais débarquer avant d'avoir parfaitement arrêté ses dispositions, ni entreprendre une opération militaire sans but bien déterminé ; que le rembarquement doit toujours s'opérer sur une rive découverte d'où l'on peut voir approcher l'ennemi, et sous la protection du feu des navires (1). »

---

(1) *Histoire de l'Angleterre* par Smollett, tome II.

Dans toutes les expéditions où il faudra agir à la fois sur terre et sur mer, l'obusier de 750 livr. possédera, pour ce double service, plus de propriété que les autres. Car, pour le débarquement, les mouvements à terre et les approvisionnements, il a une supériorité marquée sur celui de 24. dont la manœuvre serait souvent entravée par le poids de la pièce et celui des munitions; mais la portée et la puissance de l'obusier de 24 sont bien supérieures à celles du 12 léger.

Les bons matelots sont d'excellents artilleurs, aussi peut-on compter sur eux pour défendre une position aussi long-temps, que le permettent les moyens mis à leur disposition. Ils en donnèrent une preuve mémorable à la bataille de Bladensburg, ou l'infanterie anglaise d'élite n'ayant pu emporter par une attaque de front la position défendue par les pièces et par les marins du commodore Barney, fut obligé de faire une attaque de flanc pour parvenir à son but.

Leurs habitudes et leurs manœuvres sont cependant peu propres pour les rendre aptes à manœuvrer avec rapidité et réunis; aussi serait-il imprudent de les exposer volontairement à combattre en rase campagne de l'infanterie disciplinée. Si cependant on était forcé de les faire combattre, il faudrait que les marins eussent une incontestable supériorité, tant par le nombre que par l'ordonnance, alors toutes les troupes de marine marcheraient pour des expéditions.

Quand une division d'embarcations s'avancera
sous le feu, elles ne seront pas en colonne, mais
rangées en bataille, de manière à conserver des intervalles assez grands pour qu'une seule embarcation soit exposée aux balles d'une boîte ou d'un
shrapnel ; sans cette précaution, presque chaque
coup de l'ennemi atteindrait l'assaillant. Il est aussi
indispensable de concentrer le feu de toute la flottille
sur les principales masses ennemies.

Une prescription admise pour le service général
de l'artillerie et qui s'applique aussi à celui de l'artillerie des embarcations est la suivante :

« Pour produire le plus grand effet possible, l'artillerie doit être employée à bonne portée, avec sang-
froid et discernement; il faut proscrire les entraîne-
ments d'un courage téméraire »

L'artillerie pesante et légère a reçu de grands perfectionnements en ce qui concerne *le matériel*,
mais *le personnel* n'a pas marché d'un pas égal pour
les manœuvres et le tir. Les feux précipités et mal
réglés sont aussi communs aujourd'hui qu'ils l'étaient
à l'origne de l'artillerie; et malheureusement la plupart des puissantes inventions modernes tendent
plutôt à augmenter ces défauts qu'à les atténuer.

Chaque bataille pourrait fournir quelqu'exemple
des préjudices causés par le feu d'une artillerie employée sans discernement, quoi qu'on les passe souvent dans le silence. Nous citerons le cas suivant, où
l'inexpérience ne peut être *admise* comme excuse :

« Sur les huit heures, les colonnes françaises commencèrent à passer les gués (de la Bidassoa), sous la protection de leur artillerie. Mais les premiers obus qu'elle lança tombèrent au milieu de ses propres bataillons, et les troupes anglaises saluèrent les batteries françaises par des acclamations dérisoires (1). »

Une défaite complète fut le résultat d'une pareille ignorance.

Quelqu'habiles que soient les officiers, quelqu'exercés que soient les canonniers, la rapidité du tir doit toujours avoir une limite. Si on la dépasse le tir est incertain, et les résultats obtenus seront un pur effet du hasard.

---

(1) Napier, tome IV.

# CONCLUSION.

---

L'emploi de la marine dans les expéditions sur les côtes peut être regardé comme accidentel dans les guerres maritimes. Il est nécessairement borné à des opérations secondaires en harmonie avec la nature des forces dont on peut disposer. Les escadres que notre marine peut actuellement mettre à la mer, pourraient difficilement débarquer un nombre de marins suffisant pour une affaire, à moins que ce ne soit pour agir comme auxiliaires contre un fort, un poste, ou des détachements destinés à défendre certains points de la côte d'une nation en guerre avec

nous. Il faut encore admettre que les troupes débarquées soient  peu près en nombre égal à celles
qui leur seraient opposées.

Ainsi, il arrivera rarement que le personnel ou le
matériel de guerre de nos navires de guerre soit mis
à contribution pour une opération importante. Lorsqu'ils ont été mis en usage par quelques puissances
européennes, soit dans les guerres maritimes qui ont
éclaté entre elles, soit dans les expéditions dirigées
contre les États-Unis, les résultats ont été dérisoires
et souvent leurs opérations ont eu de funestes conséquences. Il suffirait de rappeler l'expédition de
1812 dirigée contre nos côtes, par l'Angleterre,
pour démontrer la vérité de cette *proposition générale*. Notre expédition maritime contre le Mexique,
par un grand hasard, a complétement réussi, tout en
ayant égard aux droits imprescriptibles de l'humanité. Cependant, on ne pourra contester à la marine
le droit d'éviter autant que possible des opérations qui
la font sortir de son rôle naturel, qui est de protéger
le commerce national sur le vaste Océan et de combattre les flottes de guerre de l'ennemi. C'est là
qu'elle cueillera des lauriers en produisant de grands
résultats.

Il peut cependant se présenter quelques cas exceptionnels où les forces d'un navire ou d'une esca-
drille peuvent en débarquant, conduire à des résultats importants. La dernière guerre en Californie en
a présenté un exemple, et il peut s'en présenter

d'autres, où les droits d'un pavillon, ceux de l'humanité rendent indispensables de recourir à l'emploi d'une force maritime. Les offenses faites par des peuplades sauvages, ou par des pirates, peuvent aussi être considérées comme un motif suffisant d'intimidation ou de châtiment.

La marine doit aussi prêter son concours pour opérer le débarquement des troupes, et dans ces circonstances, les obusiers à bateaux seront avantageusement employés pour le favoriser. Ils le seront encore pour attaquer des petits navires. Des croisières faites avec les embarcations des flottes, soit en 1825 dans les Indes-Orientales, soit postérieurement dans l'Archipel grec, auraient rendu de grands services si elles avaient été armées d'obusiers.

Les matelots sont sous tous les rapports les auxiliaires les plus précieux pour la défense de nos rivages. Aussi, quand l'intérêt public exigera l'emploi de nos navires pour débarquer des troupes, tout porte à croire que les obusiers à bateaux rendront de grands services s'ils sont employés avec intelligence. Il ne faut pas oublier que leur puissance est trop inférieure à celles des bouches à feu des mêmes calibres pour lutter avec ces dernières, qui peuvent être tirées à de plus fortes charges, et par conséquent, conservent leur efficacité à de plus grandes distances, surtout dans le tir des shrapnels. Cette différence d'effets sera évidente, si l'on considère que le canon de 12 peut supporter une charge de quatre liv., tandis que que l'obusier du même calibre peut tout au plus résister à celle d'une livre.

L'absence d'avant-train et des caissons contribuera puissamment à rappeler à l'esprit, que le concours des forces de débarquement est essentiellement auxiliaire. Si l'opération ne dépasse pas le cercle d'action convenable, ces accessoires seront inutiles et des causes d'embarras. Si au contraire on le dépasse, leur absence se fera vivement sentir, et le parti sera exposé à une défaite certaine ou à être fait prisonnier.

S'il se présentait quelque circonstance où l'emploi des marins en campagne fut indispensable, comme il s'en est présenté en Californie, alors les chefs prendraient les mesures nécessaires pour approvisionner les troupes pendant ces expéditions accidentelles.

Il ne faut pas s'attendre que les matelots puissent rivaliser avec une bonne infanterie. Essayer d'en faire autre chose que des auxiliaires dans les opérations militaires, serait du reste dangereux, car, on n'y parviendrait qu'au détriment de leurs qualités précieuses à bord des navires.

**FIN.**

Paris. — Imprimerie de H. Carion, père, rue Richer, 20.

www.ingramcontent.com/pod-product-compliance
Lightning Source LLC
LaVergne TN
LVHW050800200726
843507LV00001B/169